THE ART THIEF

〈法蘭西的瑪德蓮〉(*Madeleine de France*)，1536年，木板油畫，科內耶・德里昂（Corneille de Lyon）繪。竊自法國布耳瓦（Blois）城堡美術博物館。

〈亞當夏娃〉（*Adam and Eve*），1627年，象牙雕刻，喬治·佩特爾（Georg Petel）作品。竊自比利時安特衛普（Antwerp）魯本斯故居博物館（Rubens House）。

菸草盒，約1805年，金、琺瑯與象牙材質，尚—巴蒂斯特·伊薩貝（Jean-Baptiste Isabey）作品。竊自瑞士夕昂（Sion）瓦萊（Valais）歷史博物館。

靜物，1676年，銅板油畫，老揚・范凱塞爾（Jan van Kessel the Elder）作品。竊自荷蘭馬斯垂克（Maastricht）歐洲美術基金會（European Fine Art Foundation）。

〈猴子節期〉(*Festival of Monkeys*),約 1630 年,大衛・特尼爾斯二世(David Teniers II)作品。竊自法國榭堡葛唐丹(Cherbourg-en-Cotentin)托馬斯・亨利博物館(Thomas Henry Museum)。

〈克萊沃的希比爾〉(*Sibylle of Cleves*),約 1540 年,小盧卡斯・克拉納赫(Lucas Cranach the Younger)作品。竊自德國巴登—巴登(Baden-Baden)新堡(New Castle)。

〈秋天的寓言〉（*Allegory of Autumn*），約 1625 年，銅板油畫，傳為老布勒哲爾（Jan Brueghel the Elder）作品。竊自法國安傑（Angers）美術館。

〈沉睡的牧羊人〉（*Sleeping Shepherd*），約 1750 年，法蘭索瓦・布雪（François Boucher）作品。竊自法國夏特（Chartres）美術館。

〈士兵與女人〉(*Soldier with a Woman*),約 1640 年,彼得・雅各布斯・科德(Pieter Jacobsz Codde)繪。竊自法國貝爾弗赫(Belfort)城堡博物館(Museum of the Citadel)。

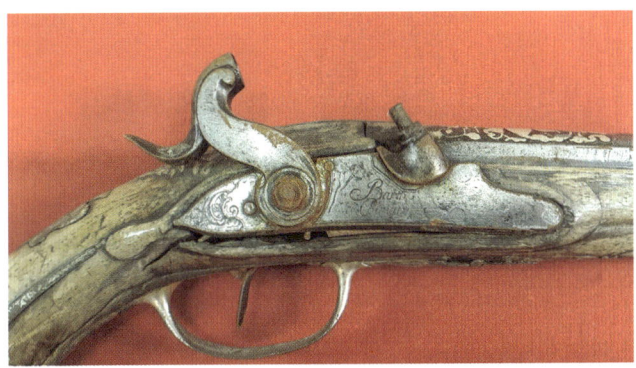

燧發槍局部,約 1720 年,胡桃木嵌銀,巴斯・科爾馬(Barth à Colmar)作品。竊自法國坦恩的坦恩之友博物館(Friends of Thann)。

〈聖殤〉（*Pietà*），1550 年，銅板油畫，克里斯多夫・史瓦茲（Christoph Schwarz）作品。竊自瑞士格呂耶赫城堡（Gruyères Castle）。

〈主教〉(*The Bishop*)，1640 年，炭畫，厄斯塔什・勒蘇爾（Eustache Le Sueur）作品。竊自法國貝爾弗赫城堡博物館。

〈進村〉(*Village Entrance*)，約 1650 年，銅板油畫，彼得・吉賽爾斯（Pieter Gijsels）繪。竊自法國瓦隆斯（Valence）美術館。

耶穌生平一景,約1620年,椴木木刻。竊自瑞士弗里堡(Fribourg)藝術與歷史博物館。

〈加農炮風景圖〉(*Landscape with a Cannon*),1518年,紙刻,阿爾布雷希特・杜勒(Albrecht Dürer)作品。竊自瑞士土恩(Thun)美術館。

〈藥師〉(*The Apothecary*),約 1720 年,木板油畫,威廉・范米理斯(Willem van Mieris)繪。竊自瑞士巴塞爾藥劑博物館(the Pharmacy Museum)。

聖杯，1588年，克魯特維克（I. D. Clootwijck）作品，銀與椰殼，竊自布魯塞爾藝術與歷史博物館（Art & History Museum in Brussels）。

聖杯，1602年，銀與鴕鳥蛋。竊自布魯塞爾藝術與歷史博物館。

戰艦，1700 年，銀。竊自布魯塞爾藝術與歷史博物館。

阿巴雷約（Albarello）陶土藥罐，約 1700 年，竊自瑞士默里肯—
維爾德格（Mōkriken-Wildegg）威德格城堡（Wildegg Castle）。

紀念金牌,約 1845 年,銀鍍金。竊自瑞士琉森歷史博物館(History Museum in Lucerne)。

獅子與羔羊,約 1650 年,橡木。竊自法國穆瓦延穆捷(Moyenmoutier)區穆瓦延穆捷寺(Abbey of Moyenmoutier)。

聖杯，約1590年，鸚鵡螺殼銀鍍金聖杯。竊自布魯塞爾藝術與歷史博物館。

〈美惠三女神〉(*Three Graces*)，約 1650 年，傑若‧范奧普斯塔爾 (Gérard van Opstal) 作品。竊自布魯塞爾藝術與歷史博物館。

〈公園裡的樂師與行人〉(*Musicians and Walkers in a Park*)，約 1600 年，路易斯‧德考勒里 (Louise de Caullery) 作品。竊自法國拜約勒 (Bailleul) 市立美術館。

麥可・芬克爾（Michael Finkel）——著　李巧云——譯

THE ART
THIEF:

藝術大盜

A True Story of Love,
Crime, and
a　　Dangerous Obsession

一個愛情、犯罪與危險執迷的真實故事

獻給我的父親

保羅・艾倫・芬克爾（Paul Alan Finkel）

美高於道德。(Aesthetics are higher than ethics.)

──奧斯卡・王爾德(Oscar Wilde)

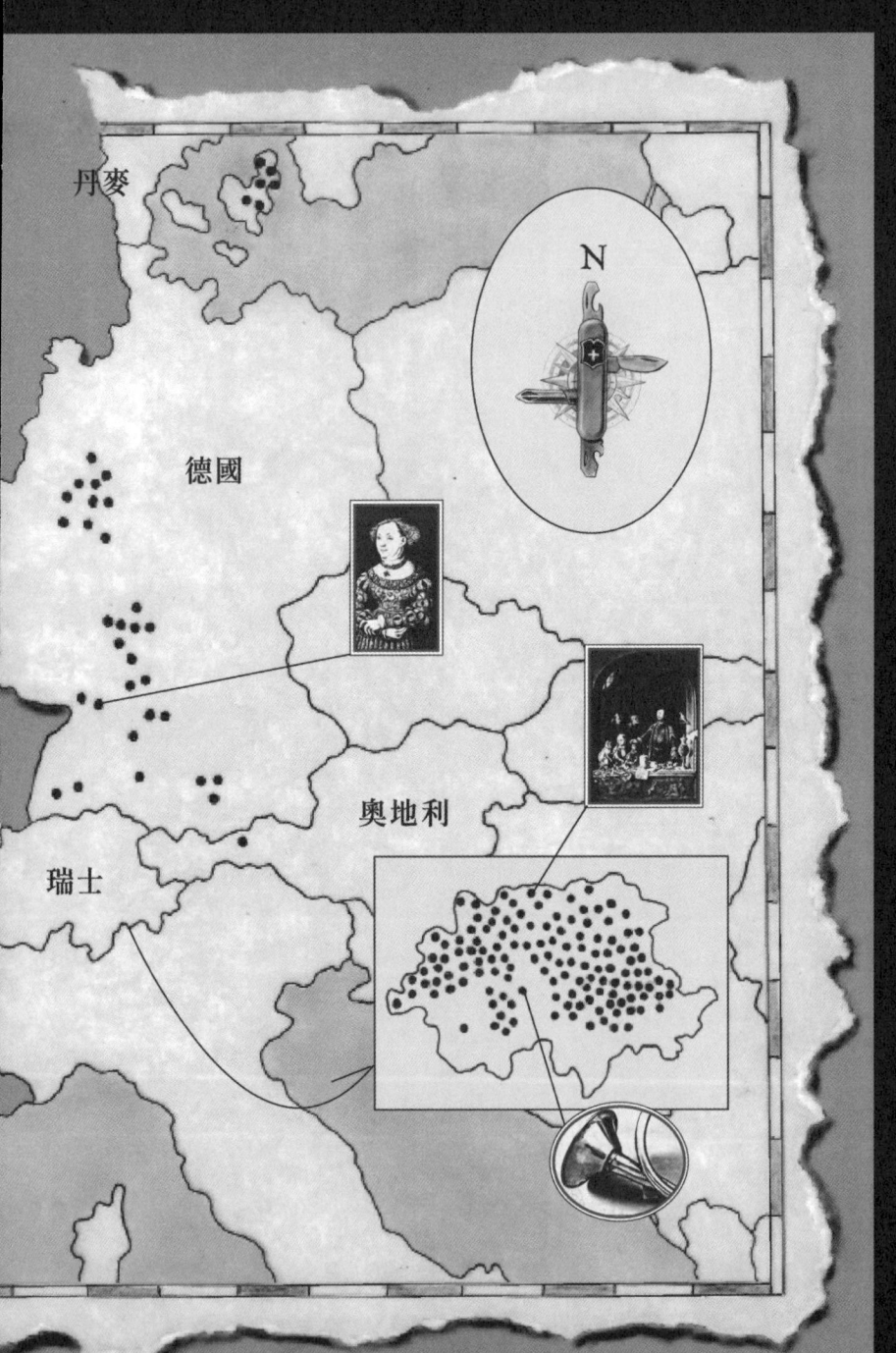

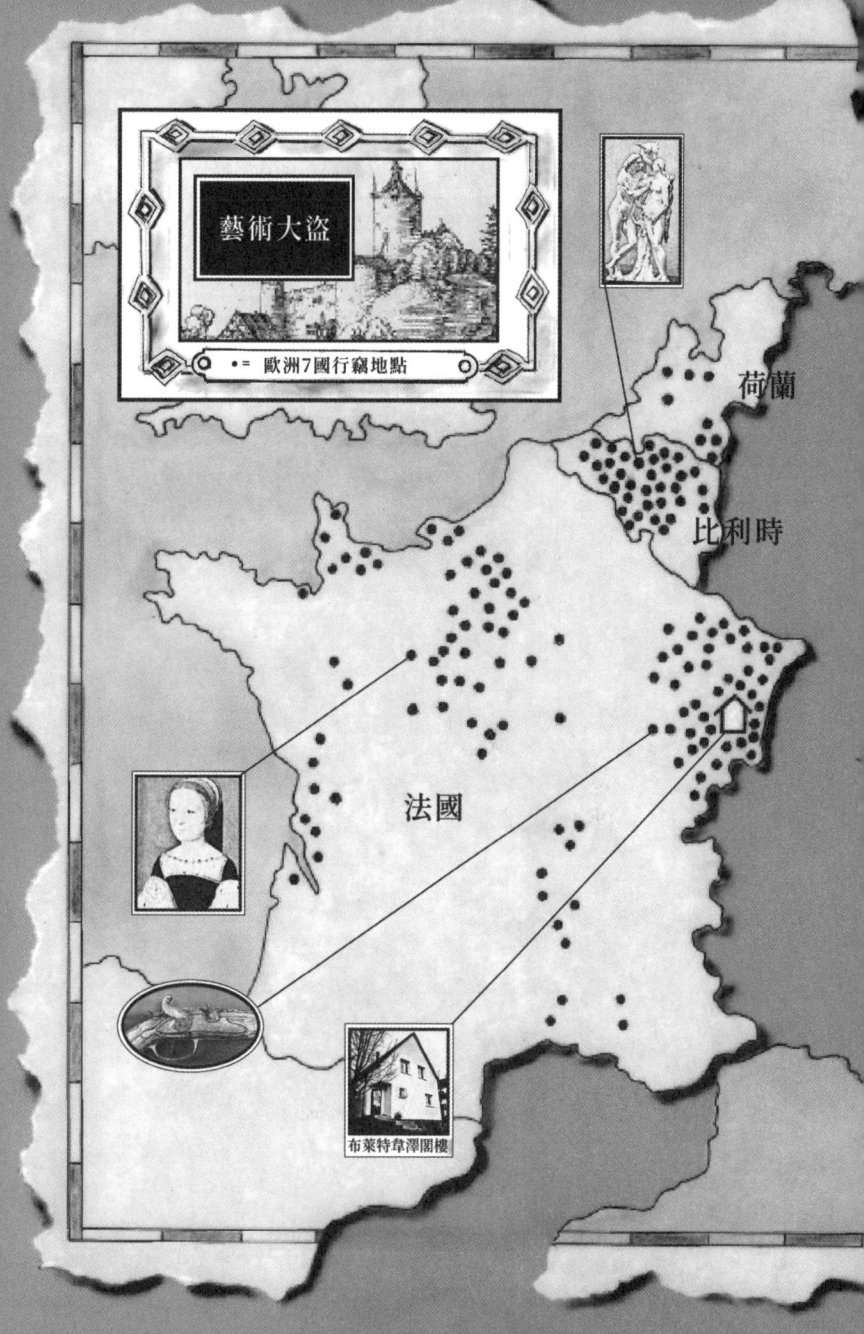

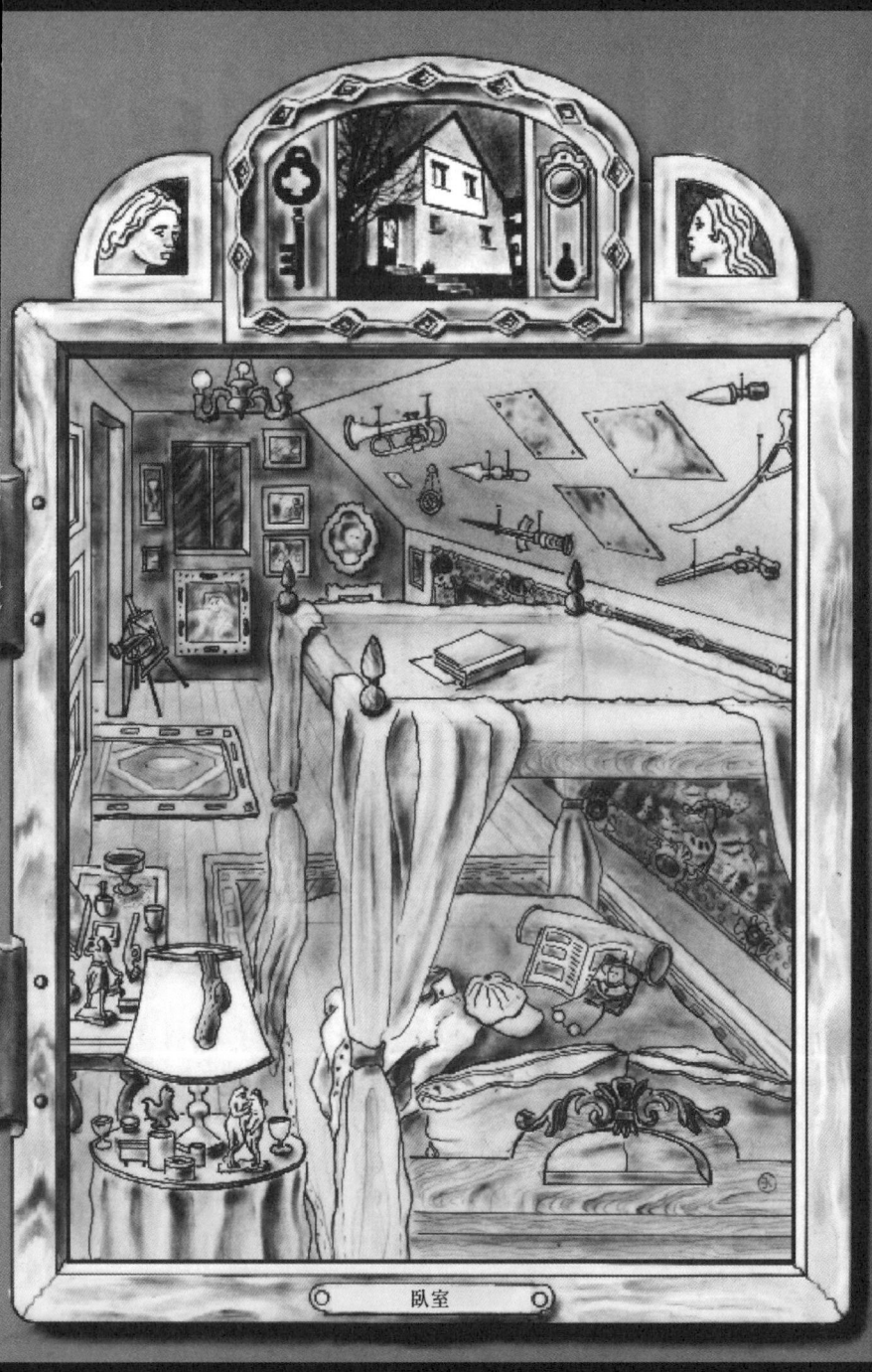

卧室

1

史蒂芬·布萊特韋澤（Stéphane Breitwieser）牽著女友安娜—凱瑟琳·克蘭克勞斯（Anne-Catherine Kleinklaus）的手走向博物館，準備獵物。這對甜蜜的情侶女信步走到博物館前檯，說了聲哈囉，用現金買了兩張票，走進博物館。

這時正是午餐時間，也是偷竊的時機。這一天是1997年2月一個忙碌的星期天，地點在比利時的安特衛普（Antwerp）。這對情侶混在參觀魯本斯故居博物館（Rubens House）的遊客群中，指點著館中的雕塑和油畫點頭稱是。安娜—凱瑟琳衣著入時典雅，穿的是在二手店買來的香奈兒和迪奧名牌衣裙，肩上掛了一個聖羅蘭大包包。布萊特韋澤穿著一件扣領襯衫，將襯衫塞進時尚長褲裡，外頭罩了一件寬大的外套，有點過於寬鬆的外套口袋中，揣著一把瑞士萬用刀。

魯本斯故居是一座十分幽雅的博物館，是17世紀法蘭德斯（Flanders）大畫家彼得·保羅·魯本斯（Peter Paul Rubens）的故居。他們兩人在魯本斯故居的客廳、廚房和餐廳走動，布萊特韋澤記住了側門的方位和警衛的動靜，腦海中浮現出幾條逃生路線。他們打算獵取

的物件陳列於博物館後方，在一樓的一間畫廊裡；室內有一盞黃銅吊燈，窗戶高挑，有幾扇百葉窗簾是關上的，好保護藝術品不受到正午的陽光照射。展間裡，有個華麗木櫃，櫃上的壓克力展示罩固定在堅實的底座上；密封在壓克力罩裡的是一尊〈亞當夏娃〉（*Adam and Eve*）的象牙雕塑。

幾週前，布萊特韋澤獨自出門物色藝術品時，看到了它，立即為之神魂顛倒。這件有400年歷史的雕刻，依舊散發著只有象牙才有的內在光芒，在他眼裡極為超凡。在那次出行之後，他就對這尊雕像朝思暮想，無法忘懷，這才又和安娜—凱瑟琳一起回到魯本斯故居。

魯本斯故居的安全防衛各方面都有漏洞。尋覓獵物時，他看到的壓克力罩只要卸下兩顆螺絲就能讓上部與底座分開。當然，要伸手進去卸除壓克力罩後面的螺絲釘不是簡單的事，但一共也只有兩顆而已。警衛的弱點是他們只是人、肚子會餓，得去吃飯。布萊特韋澤觀察到，一天中大部分時間，每間畫廊裡都只有一名警衛會坐在椅子上觀看動靜。只有午餐時間例外，椅子是空著的，警衛輪流去吃飯了；人手不足的情況下，留守值班的人會從坐著看動靜變成站起來巡邏，他們進出房間的步調可以預測。

遊客是令人不快的變數。即使是中午，人也嫌太多了，而且流連不去。博物館裡比較受歡迎的展間所陳列的畫是魯本斯本人的作品，但這些作品要麼太大、難以安全到手，要

麼就是布萊特韋澤嫌它們過於宗教性鬱悶。陳列〈亞當夏娃〉牙雕的畫廊展出的是魯本斯生前收集的物品，包括羅馬哲學家的大理石半身像、海克力士（Hercules）的陶土雕像，以及零散的荷蘭和義大利油畫。這件由德國雕刻家喬治・佩特爾（Georg Petel）雕製的〈亞當夏娃〉象牙作品很可能是魯本斯收到的禮物。

當遊客們四處觀賞藝術品之際，布萊特韋澤在一幅油畫前站定，擺出一種凝視藝術的姿態。或是雙手放在臀部，或是雙臂交叉胸前，或是下巴托起，他有一套欣賞藝術姿勢，裡頭包括10多種腳本，全都散發出入定沉思的氣息，即使他當時內心因興奮恐懼交織而洶湧澎湃。安娜—凱瑟琳在魯本斯收藏品展間的門口附近逡巡，時而站立，時而在長凳上坐下，神情總是顯得漫不經心的冷漠，確定自己能夠看清外面走廊的一舉一動。這一區沒有監視器。整個魯本斯故居裡一共只有幾個，但他也注意到每個監視器都有線路連接。有時小型博物館的監視器都是擺著看的，是假的。

不久房間裡只剩下這對年輕人。這個轉變就像火焰丟入燃油，瞬間爆發。布萊特韋澤收起他的學究姿態，飛快躍過警戒線，來到木櫃前；他馬上從口袋掏出瑞士萬用刀，撬開壓克力罩下手。

螺絲起子，開始對螺絲釘轉動了4圈，也許是5圈。對他來說，這件雕刻真是傑作，只有25公分高，但細節卻相當細緻，讓人目不暇給；人類第一對夫妻趨前擁抱之際，彼此深情凝視；蛇盤繞

在他們身後的善惡知識樹上，樹上的禁果已經摘下，尚未咬食；人性尚在罪惡深淵的崖邊。

他聽到一聲輕咳，是安娜－凱瑟琳發出的，立即以流暢的健步離開櫃子，在一名警衛出現的同時，他又恢復了觀看藝術的模式。瑞士萬用刀放回口袋，螺絲起子頭仍露於外。

警衛走進展間，駐足停下，眼光有條不紊地掃視畫廊。布萊特韋澤就又恢復了行動。他在畫廊裡就這樣作案，待警衛轉過身去，才剛剛走到門口，擰幾圈螺絲，然後聽見咳嗽聲；又擰了幾圈，然後又是一聲咳嗽。

要在參觀遊客川流不息與警衛來回巡邏下解開第一顆螺絲，需要10分鐘的專注努力，不容些許差錯。布萊特韋澤不戴手套，甘冒留下指紋的危險，他靠手指的靈巧與觸感來探要鬆下第二顆螺絲也容易不到哪裡去；終於卸下來時，又有一批訪客進入，他又飛快退出來，這時口袋裡多了兩顆螺絲。

在展間另一頭的安娜－凱瑟琳與他交換了一個眼神，他用手輕拍心臟，表示他預備完成最後一步，不需要用到她的大皮包。她向博物館出口走去。警衛已經出現過3次，儘管他和安娜－凱瑟琳在警衛出現時每次都站在不同的位置，布萊特韋澤仍不敢大意。高中畢業後不久，他也做過博物館警衛，明白幾乎沒有人會發現少了或突出一顆螺絲這樣的微小細節，稱職的警衛都會把注意力放在參觀的人身上。警衛連續2次巡查，還待在同一展間行竊，極不可取；3次巡查還在，就近乎魯莽草率；他判斷就在下一分鐘來到的第4次巡

查，絕對不容發生。此刻他不是立即下手，就是放棄走人。問題出於在場的成群訪客。他把目光移過去；這些人擠在一幅畫附近，都掛著語音導覽的耳機。布萊特韋澤判斷他們此時心無旁騖，這是關鍵的時刻——只要一名訪客瞥了他一眼，他的一生可能就毀了——他毫不猶豫，當機立斷；因為他認為，通常將小偷送至監獄的不是小偷的行動，而是他們的猶豫。

布萊特韋澤走到木櫃前，掀起壓克力罩，小心翼翼地將其放在底座一旁。他拿起象牙雕塑，以大衣衣邊掃過，將牙雕塞入後方的褲腰帶，再將寬鬆的大衣稍加調整，牙雕就完全被遮住了。雖然這時腰椎附近有點突起，若不仔細看，是不會發覺異樣的。

他將壓克力罩留在一邊——他不想耽誤寶貴的時間將它放回去——大步離開。他步履有度，並不顯得匆忙。他知道，如此明目張膽的盜竊行為很快就會被發現，引發緊急反應。警察會趕到，博物館可能封鎖，所有遊客都會被搜查。

儘管如此，他力持鎮定，未曾奔跑；只有扒手才會跑。他從容地走出畫廊，悄悄穿過先前曾經勘察附近的一扇門；這扇門是供員工專用，既沒上鎖也沒有警報系統。他在博物館中庭現身，沿著藤蔓覆蓋的牆壁，在蒼白石路急行，牙雕不斷碰撞他的背，直到他抵達另一扇門並安全穿越之後，就回到博物館靠近正門入口的大廳。他繼續往前走，經過前檯，走到安特衛普的城市大街。這時警察可能正在趕往現場途中，他有意識地保持步履輕盈，

藝術大盜 | The Art Thief | 30

雙腳上發亮的樂福鞋一前一後交替往前,一直到他看見安娜—凱瑟琳,兩人一起步向他停放汽車的安靜道路上。

他打開小歐寶蒂格拉(Opel Tigra)午夜藍的汽車行李箱,把牙雕放了進去。他想將引擎打到最高檔火速駛離,但他知道要慢慢開,在出城的路上遇到紅燈該停就停下來。一直到上了高速公路,他才踩足油門,而他們才放下戒心,恢復25歲年輕人的本色,開心逍遙地風馳電掣而去。

2

他們住的房子外觀簡樸，一個淺灰的混凝土立方塊，有著陡峭的紅瓦屋頂，牆上開著小窗，屋後的草地上有幾棵松樹掩映。它坐落在法國東部工業帶汽車、化工城默路斯（Mulhouse）的郊區，這一帶屋宇密麻，街道兩旁的房子幾乎千篇一律，是無處不美的法國最不具魅力的地區之一。

住宅大部分的活動空間在一樓。一樓有道窄梯通向樓上的兩個房間，分別是屋椽下方的起居室和臥室；天花板低矮，室窄而擠。兩個房間的房門總是鎖著的，百葉窗永遠拉下。臥室裡放了一張華麗的四柱天篷床榻，床上掛著金絲絨簾幕，用栗色絲帶拴住；床單是紅色的緞面床單，上面堆滿了靠枕。這對年輕情侶就睡在這詭異的華麗之中。

每當布萊特韋澤睜開眼睛，首先進入眼簾的便是〈亞當夏娃〉。他把這件牙雕放在床邊櫃上，就是要讓自己一張開眼睛就能看見。有時他會用指尖拂過藝術家雙手曾經辛勤工作的雕刻線條——順著蛇身的鱗片，攀著生命樹樹幹上的結節，滑過夏娃捲長的秀髮。這是他見過最美的藝術作品之一，價值可能比整條街每間房子加起來再乘以兩倍，還要多。

床邊櫃上第二件牙雕是羅馬狩獵與生育女神象徵黛安娜雕像；她右臂舉起，手裡握著金箭。黛安娜旁邊，第三樣藝術品是基督教早期的亞歷山大的凱薩琳（Catherine of Alexandria）小雕像。再來就是捲髮的丘比特一腳踩在一枚頭骨上——象徵著愛情勝過死亡。

一天的開始，還有什麼比牙雕收藏散發出空靈美麗的光芒更為動人？

結果居然是：有的。因為牙雕旁邊還有一個精緻拋光的金色菸草盒，明亮的藍琺瑯鑲嵌其上，是拿破崙親自委託製作；將它握在手心裡，感覺彷彿穿越了時空。菸盒旁邊是一個稜柱型弧形花瓶，是19世紀後期的法國玻璃吹製大師艾米爾・加萊（Émile Gallé）的作品。

再來是一個年代更久的老物件，大的銀色高腳杯，上面刻著花環和線圈——布萊特韋澤想像著，王公貴族在幾世紀的宴會上高舉這只酒杯，晃動杯中的葡萄酒。接著是更小的錫製圓形於草罐，線條非常圓潤可愛。還有一個鸚鵡螺貝殼聖杯、一尊小瓷雕、一組青銅器物。

光是床邊櫃上的物件，就是自成一格的博物館展品。

安娜—凱瑟琳睡的那一側也有個床邊櫃，還有一座大型精緻衣櫃，透過玻璃櫥門可以看見裡頭的陳列架。臥房裡有張桌子和梳妝檯，凡有平臺的地方都放滿了物件：銀盤、銀碗、銀瓶、銀杯；鍍金茶具和小型錫器；十字弓、軍刀、斧頭、狼牙棒；各種大理石、水晶和珠母貝物件；黃金懷錶、金甕、金質香水瓶、金胸針。

這對情侶祕密世界中的第二個房間還有更多收藏。木製祭壇畫、銅版、鐵製奉獻箱、

彩繪玻璃、藥劑師的藥罐和古董棋盤，另一組象牙雕刻、小提琴、號角、長笛、小號。更多物件堆放在扶手椅上，靠著牆，擱在窗臺，放在成堆的衣物上，丟進床底下，和塞在壁櫥裡。手錶、掛毯、啤酒杯、燧發槍、手工裝訂書，以及更多的牙雕。還有中世紀騎士的頭盔、木雕聖母像、寶石鑲嵌座鐘和中世紀的插畫祈禱書。

這一切都為真正的輝煌錦上添花。最身價不凡的掛在牆上：油畫，主要是16、17世紀文藝復興晚期和巴洛克早期風格的大師創作，細膩、色彩繽紛而生命力洋溢。人物肖像、風景、海景、靜物、寓言畫、農民生活場景與田園風光，無一不有。從地板到天花板，從左到右，房間掛得滿滿的，或按主題或按地理或隨意陳列。

藏品包括數十位不同時期的大師作品——克拉納赫（Cranach）、布勒哲爾（Brueghel）、布雪（Boucher）、華鐸（Watteau）、霍延（Goyen）、杜勒（Dürer）——物件如此之多，房間裡似乎到處都有色彩流動，而且有柔和的牙雕襯托增美，在銀器金器的閃爍下添輝。有藝術記者估算，房間裡的物件加總起來價值高達20億美元，而這些全都藏在一個沒有特色的貧瘠小鎮，一間不起眼房屋的閣樓密室裡。這對年輕情侶堆積出一種超越大多數人所能幻想的現實，棲身在寶庫當中。

3

布萊特韋澤不算真的藝術竊賊，起碼他自己是這麼認為，即使他可能是人世間出手最多次、到手藝術品數量也最多的雅賊。他不否認密室裡藏著他偷來的藝術贓品——大部分由安娜—凱瑟琳協助。自己做了什麼，他心裡有數；他是如何將一件藝術品夾帶出博物館，犯罪的每一步他都可以精確地重述。

相較於其他藝術竊賊，他也十分與眾不同。其他的藝術大盜都令他不屑，幾乎無一例外，連最成功的大宗竊犯亦然，例如1990年聖派翠克節（Saint Patrick's Day），兩名穿著警察制服的男子夜晚闖入波士頓伊莎貝拉．史都華．嘉納博物館（Isabella Stewart Gardner Museum）後，迅速制服一對夜班警衛，用膠帶封住眼睛和嘴巴後，將他們銬在地下室的管道上。

暴力的深夜搶劫，是對布萊特韋澤「盜藝」的侮辱，他認為偷竊藝術品應該是一種精煉細緻、神不知鬼不覺的活動，可在光天化日下犯案，沒有人會深受恐懼之害。但這並不是他鄙視波士頓嘉納博物館犯罪行動的原因，而是接下來發生的事情：盜賊們上樓後，用

蠻力扯下博物館的鎮館之寶——林布蘭（Rembrandt）1633年的〈加里利海上的風暴〉（The Storm on the Sea of Galilee），其中還有一人在畫布上捅了一刀。

布萊特韋澤簡直無法想像這種事——刀片割裂作品邊緣，油彩碎片四飛，畫布的線頭亂冒；為了將畫從撐架木框和外圍畫框中強取出來，近6公尺長的整幅畫周邊都被割裂，在垂死掙扎下蜷縮著；更多的畫漆裂開，更多碎片脫落。戕害了一幅館藏之後，盜賊又對另一幅林布蘭下手，如法炮製。

這不是布萊特韋澤的風格。一名罪犯無論多麼缺德，蓄意切割或損壞一幅畫，都是極不道德的。布萊特韋澤知道偷畫時畫框礙事，所以他的做法是從牆上把畫取下來，翻過來後，將背面的夾子或釘子從畫框弄下來；畫到手後，畫框仍留在博物館裡。如果來不及如此周到，就乾脆放棄；如果時間來得及，他會視畫如新生的嬰兒，生命脆弱，必須保護，不讓它有刮痕、摺痕或是把它弄得不平整、弄髒。

按照布萊特韋澤的標準，波士頓嘉納博物館的盜賊是野蠻人，無端破壞善於抓住人類情感、運用光線的大師林布蘭的傑作。竊走的13件作品價值50億美元，賊與畫至今都下落不明，但就算這些畫作最終找到了，它們也永遠不復完整。與大多數藝術品竊賊一樣，波士頓嘉納博物館的竊賊實際上並不在乎藝術品。他們的所作所為讓世界更醜陋了。

布萊特韋澤堅信，他偷竊的唯一動機是讓自己被美包圍，恣意地享受美。少有雅賊說

美學是自己犯案的動機，但布萊特韋澤接受數十小時媒體採訪過程中反覆強調這一點；他並未試圖掩飾自己的罪行，都以現在時態直接答覆問題，近乎鉅細靡遺地描述他的犯罪經過和內心情感，有時甚至不厭其煩地糾正誤解。問他關於〈亞當夏娃〉牙雕盜竊案的細節時，布萊特韋澤立即換上當時的樣貌──戴上拉低的棒球帽和一副眼鏡──回到犯罪現場，協助現場重建，回憶每一次下決定的關鍵點，拆卸螺絲，觀看藝術的姿勢。他也針對其他幾起竊案提供類似的現場還原，數以百計的警方偵查報告可以證實他陳述的大概事實。

他只拿走可以激起他情感的作品，很少拿走館藏現場最有價值的作品。偷竊時他內心無悔，因為在他不同於常人的觀點中，博物館實際上只是藝術的監獄。博物館往往擁擠不堪、嘈雜無比，開放參觀時間有限，座椅不舒服，沒有讓你坐下來靜思或休息的安靜地點。

布萊特韋澤說，眼前出現一件誘人的藝術品時，你想做的一切在博物館裡都是被禁止的。他認為參觀的人最先應做的是「放鬆」，找張沙發或扶椅坐下。若是口渴，可以來一杯飲料。吃點零食也無妨。只要你想，隨時可以無拘無束地伸出手撫摸作品。然後，你看待藝術將會有全新的眼光。

以〈亞當夏娃〉牙雕為例，雕刻中豐富的象徵意義，突顯出作品比例顯著的一致性與姿態的奇妙平衡。博物館導覽就會如此如此形容，然而每個字都會進一步阻礙你的原始感

受。

如今離刻偷到手了，聽從布萊特韋澤的建議，再看一遍，你會注意到亞當的左臂繞搭在夏娃的肩上，另一隻手觸摸她的身體。剛剛從上帝手中造出的人類第一對夫妻，看起來完美無瑕——肌理飽滿、神采俊秀、髮多唇豐。夏娃頸項稍斜，齜齦可愛。他們都赤身露體。亞當的陰莖直入眼簾，似乎已受割禮，你直視無妨。夏娃的右手搭在亞當的背上，彷彿要他再靠近一點；她的左手則放在兩股之間，手指內捲。

布萊特韋澤說，非常多的偉大藝術作品都有性的喚起力，搞得你會想在附近放張床，也許是一張四柱床，方便時機合適時和情侶在那裡翻雲覆雨。當布萊特韋澤不在床上時，他像管家一樣在他的房間走動巡視，監測房間的溫度和濕度、光線和灰塵。他說，藝術品在他的房間裡比在博物館裡保存得更好。將他和野蠻人混為一談，殘酷而不公平。與其說他是藝術竊賊，布萊特韋澤更願意被視作一名藝術收藏家，有著非正統的取得風格。要是沒人反對，他也想被人稱為藝術解放者。

至於安娜—凱瑟琳呢？她的真實感受比較難衡量。她不願意接受記者採訪，不過她曾交談的對象廣泛的資料，包括律師、認識她的熟人和警探。她和布萊特韋澤的心理訪談報告、膽錄的審訊與證詞部分已公諸於世，存檔的還有這對年輕人的若干家庭生活影片和部分私人信函。博物館的監控影像、媒體報導以及警察、檢察官和藝術界人士的相關聲

藝術大盜 | The Art Thief | 38

明也都有紀錄可查。

每樣都經過研究，好留下這對藝術竊賊的正確描述，但他們兩人的愛情與犯罪有關的最私密細節，都出自布萊特韋澤之口。若能聽到安娜—凱瑟琳自述的完整版本，可能對於了解這樁世紀藝術竊盜案件的來龍去脈很有幫助，但她如果對許多問題加以回答，要麼將會坐實罪狀、招致懲處，要麼就是全盤謊言。面對這些選項，她的沉默似乎是明智的。

儘管安娜—凱瑟琳向外界說得有限，明顯可知的是，她不會形容自己是藝術解放者，也不會為犯罪行為提出任何其他扭曲正義的理由。她是兩人中比較務實和理性的那一個，她的腳踩在地上，而布萊特韋澤的頭埋入雲端。安娜—凱瑟琳提供升降機讓他們的奇想飛上天，而安娜—凱瑟琳則提供壓艙物讓他們安全返航。安娜—凱瑟琳對信任的人說道，對到手的藝術品，她的態度十分矛盾——漂亮固然漂亮，但肯定是有汙點的。布萊特韋澤自認無愧於心；對他來說，美是世界上唯一真正的流通物，無論其來源如何，它總是增添豐富。

因此，擁有最多美的人，也是最富有的人。有時他自視為在世首富之一。

安娜—凱瑟琳也不會形容自己富有。理由充分，因為他們永遠一文不名。布萊特韋澤發誓自己尋求的不是金錢上的利益；偷竊絕無出售贓品的意圖，沒有一件是。這也使他在所有的藝術竊賊中鶴立雞群。布萊特韋澤一貧如洗，即使載著贓物開車逃離現場，他也避免走要付通行費的高速公路。偶爾他會找一份臨時工作——搬貨上架、從卡車卸貨、在披

薩店端盤子，或是在咖啡館、小餐館打工，但大多數時間他都靠政府發放的福利金與救濟，以及接受家人的饋贈度日。安娜―凱瑟琳在一家醫院擔任全職護佐，薪水微薄。這對情侶的私密畫廊位於這樣一個奇怪的地方，正是出於這樣的緣故。布萊特韋澤付不起房租，因而和母親住在一起，就不用花錢了。他告訴母親，她尊重兒子的隱私，從不擅闖閣樓，這也是他始終如一的說法。他母親的房間在一樓，而安娜―凱瑟琳帶回家的物件是在跳蚤市場買來的或是仿製品，目的是給無趣的閣樓添加生趣。

布萊特韋澤是一個無業的啃老族，宅在母親的房子裡。這一點，他自己也不否認。這種安排讓他的生活不用太多花費，能夠持有所有的非法藝術品，甚至不需考慮將任一戰利品換成現金。他說，為了錢而竊取藝術品是可恥的；錢，可以從風險小得多的地方賺取。

他的長久體會是：為了愛好而解放藝術品，得到的是欣喜若狂。

藝術大盜 ｜ The Art Thief ｜ 40

他的初戀是陶器碎片、瓷磚碎片和箭矛。他與外祖父一起「探險」；他用「探險」一詞形容，因為對一個小學生來說，到中世紀堡壘的廢墟尋寶，就是探險。後來一連串價值衝到20億美元的藝術品大搬移，可能就是當年探險時外祖父的拐杖尖兒挑起的。

外祖父有一雙精於爬梳海灘的利眼，當他把拐杖戳進土裡時，布萊特韋澤便知道動手去挖；挖到如上釉瓷磚與十字弓弩的殘片，布萊特韋澤感覺就像是等了他幾世紀、特別為他寫的私信，終於到了正主手中。即使是那時，他也約莫感覺這些東西不能私自擅有，但外祖父說他可以，他也就會把意外收穫放進了一個藍色塑膠盒，然後放在家中的地下室。布萊特韋澤形容這些珍愛的拾獲是「占據我心的物品」。

他於1971年出生，家族在阿爾薩斯（Alsace）世系綿延。阿爾薩斯是法國的一部分，通常被認為是偷來的土地。他受洗時父母給他起了一個聽起來像王公貴胄的名字：史蒂芬・季雍・斐德烈・布萊特韋澤（Stéphane Guillaume Frédéric Breitwieser）；他是獨生子，父親

羅藍‧布萊特韋澤（Roland Breitwieser）是一家連鎖百貨公司的執行經理，母親米蕾耶‧史滕格爾（Mireille Stengel），是醫院護士，專長為兒童照護。

布萊特韋澤在瑞士、德國和法國三國交界的維特奈姆（Wittenheim）村莊長大，屋子氣派不凡，家裡也養了三隻臘腸犬。他會說母語法語、流利的德語、過得去的英語和一些阿爾薩斯話，也就是當地的日耳曼方言。在過去的150年裡，阿爾薩斯曾5度易主，法國和德國相互從對方手中奪走它。今天許多當地居民羨慕邊境另一端的高薪資和低物價，認為現在輪到法國應該歸還它了。

屋內的家具雅緻——19世紀的古董櫃、18世紀的路易十五扶手椅，古董武器點綴其間。布萊特韋澤記得把玩古董軍器：他會趁父母不注意時將它們從展示櫃上偷偷拿下來，與想像的敵人對戰。四牆有畫補壁增輝，其中幾幅是著名的阿爾薩斯表現主義畫家羅伯特‧布萊特韋澤（Robert Breitwieser）的作品，他的家鄉默路斯有一條以他的名字命名的街道。這位同姓的畫家並不是近親，他是史蒂芬‧布萊特韋澤曾祖父的兄弟，但他接受整個布萊特韋澤家族的探訪。畫家1975年去世前不久，曾完成一幅蹣跚學步的史蒂芬‧布萊特韋澤的畫像。

多年來布萊特韋澤都告訴認識他的人，他是畫家布萊特韋澤的孫子。他自認這麼說不離譜，因為自己雖與祖父母不親，而父系這位名畫家曾為他費心在畫布上留下身影。

他的外祖父母分別是艾琳・菲利浦（Aline Philippe）和約瑟夫・史滕格爾（Joseph Stengel），後者也就是拄著手杖，有雙爬梳利眼的那位。布萊特韋澤對他們有著不可動搖的依戀，他說，他最美好的年輕時光是和外祖父母一起度過的：週末在他們改建的鄉下農舍吃午飯，聖誕盛宴一直持續到黎明，當然還有和外祖父一起在萊茵河谷上方的山丘上探險——西元前1世紀凱撒大帝的軍隊就開始在那裡建造堡壘。

隨著口味轉變，布萊特韋澤另有所迷；大多數需要財力接濟，而他的外祖父母總是有求必應。布萊特韋澤是他們的獨孫，且把他寵壞了。他說，每次探親玩要回家時，他總會拿到一個小小的白色信封袋；他愛上了硬幣、郵票和舊明信片，會在跳蚤市場和古董交易會上花掉了信封袋裡的錢，不會捨不得。他喜歡石器時代的工具、青銅小器物和老花瓶，也鍾愛希臘、羅馬和埃及的古物。

布萊特韋澤在青春期時是一個鬱鬱寡歡、容易焦慮的青少年，社交場合中會感到不自在，與人格格不入。他訂閱了考古期刊和美術雜誌，閱讀有關中世紀陶器、古典建築和希臘史的教科書；他自告奮勇地參加地方考古挖掘工作。他曾說：「我藏身在過去。」他年輕的身軀裡裹著一個老靈魂。

同齡的孩子讓他不解。他們迷戀的電子遊戲、運動、派對都讓他反感。成年後，他對手機、電子郵件和社群媒體也同樣不喜——為什麼要讓人「更容易」煩到他？布萊特韋澤

43 ｜藝術大盜｜ The Art Thief

的父母希望他在校成績優異，日後成為一名律師，但對他來說，教室裡是最惡劣的學習場所。他一直瘦骨嶙峋，在學校被霸凌，他說：「我跟每個人背道而馳。」憂鬱纏身，一發作就可能幾個星期，10幾歲起他就斷斷續續地去看治療師，但他懷疑自己的問題根本無法治癒根除：他生錯了時代。

他父親專橫霸道，對孩子身上的軟弱十分不快。他說，高中時一個夏天，父親給他找了一份標緻汽車裝配線上的工作，希望長時間的體力活可以讓他健壯一些。他只撐了一個星期。「我父親可能認為我一文不值，」他說。母親忽冷忽熱、情緒不定；有時如火山，有時似冰川，難以接近，儘管對他倒是溫柔有加。似乎是為了應對父子之間的家庭緊張關係，她傾向縱容、順應孩子，也許過度了些。高中時，他帶回一張數學成績很差的成績單，母親看見了，警告他他父親看了會大發雷霆。布萊特韋澤用黑筆偽造分數，母親也沒說什麼，親看見了，警告他他父親看了會大發雷霆。布萊特韋澤用黑筆偽造分數，母親也沒說什麼，親看見了，他說，他做什麼，母親都睜一隻眼閉一隻眼，要不就是很快原諒。

當布萊特韋澤看起來悶悶不樂，似乎難以自拔時，他父母注意到去博物館，總是可以幫他恢復內心的平靜。他們家附近有10幾間小博物館，父母會把他送到其中一間，讓他獨自在裡頭閒逛一個下午。他會在警衛視線之外找到一個自己的位置，然後用手滑過雕塑和繪畫，去感覺那微小的不規則和不完美──藝術專家口中的這種「見證標記」不存在於機器壓製出的器皿上，卻可驗證手作創造的獨特；筆觸或鑿擊沒有兩次是完全相同的。等父

藝術大盜 │ The Art Thief │ 44

母來接他時,他總是開心多了。

有次他被扔包在斯特拉斯堡考古博物館(Archaeological Museum of Strasbourg)看展,他的手指卡在一具羅馬棺槨一塊鬆散的金屬上,他馬上條件反射地將它塞進口袋裡。這可能是他第一次在博物館竊盜,但他將此事合理化了,認為這更像是古代神祇給他的個人禮物,就像他與外祖父一起尋寶時發現的殘片一樣。回到家裡,他將這個有2千年歷史的遺物放進了他的藍色塑膠盒裡。塑膠盒仍然在他的地下室裡,裡面裝著他屢次尋獲與用白色小信封裡零用錢所買來的物品──滿盒都是世上他所喜愛的東西。

10幾歲時,他愛上了樂器、醫材和錫器水壺。他喜歡德國老式啤酒杯、有紋飾的盒子、油燈;他也喜歡家中的家具、兵器、繪畫,還有父親的藏錶和小牙雕;瓷娃娃、古代善本書和壁爐工具,也是他所愛。

父母一開始的冷戰,後來演為大吵大鬧、摔杯砸碗。1991年,布萊特韋澤高中畢業那年,鄰居害怕他們夫妻鬧出人命,不止一次報警。同年,父親搬離,帶走了所有的家具、收藏的兵器、繪畫、藏錶和牙雕。布萊特韋澤說,這些他繼承來的物件一個都沒有留下,甚至沒有留下他有名的親戚畫家特別為他畫的兒時畫像。布萊特韋澤說,19歲成年時他仍感到一種強烈的被棄感。他留在母親身邊,完全與父親中斷聯繫。

45 | 藝術大盜 | The Art Thief

大房子再也負擔不起，布萊特韋澤母子倆搬進一間公寓。他說：「我母親在宜家購置家具，我非常受不了。」他們一家曾經擁有一艘船、一輛賓士汽車，如今母子卻必須依靠政府的補助過活──社會地位受挫，讓他備感羞辱。父親出走後他再無嚴格約束，布萊特韋澤也似猛虎出柙，完全不顧社會規則。布萊特韋澤說，縱然他在商店順手牽羊被人發現，叫來了警察，必須道歉賠償，為所欲為。布萊特韋澤說，縱然他在商店順手牽羊被人發現，叫來了警察，必須道歉賠償，他學到的唯一教訓就是他下次不要被逮到。

他的外祖父母給他買了一輛車，然而進一步的自由反倒助長他成為不良青年。他為了一張停車罰單而與警員爭執，僵持不下，最後布萊特韋澤因過於囂張而被捕。不久之後，一場類似的情況最終導致肢體衝突，布萊特韋澤弄傷了一名警察的手指。因為這些管不住自己所造成的衝突，法院判決他必須在指定的行為治療診所住院兩週。

布萊特韋澤時不時就陷入悲傷的深淵，有時必須力抗自殺的念頭；醫師開了抗憂鬱劑樂復得（Zoloft）給他，但他說「藥沒效」，因而停藥。不過他的確在20歲生日前找到了一份工作，在默路斯歷史博物館（Mulhouse History Museum）擔任警衛。他從警衛的視角來看藝術品和博物館訪客，發現自己討厭這種日復一日的例行公事，一個月後便辭去工作。走時，他學了一身博物館安全專業知識，還從樓上的陳列櫃中帶走一個西元500年法國墨洛溫（Merovingian）王朝的完美皮帶扣，他動手腳後重新安排了陳列櫃的內容，讓人以為

一切俱在。

母子倆從他的童年豪宅搬到狹窄公寓時，藍色塑膠盒也跟他一起搬了家，搬到宜家書架上。皮帶扣加入他其他的聖物行列；對他來說，這盒子裡的一切就是完美的代表，永遠不會讓他生氣、欺負他或拋棄他。沒有其他人可以讓他有這樣的感覺，他想：人生所有的時間若是都用來裝滿這只藍盒，一人獨處房中卻又一無所缺，人生是多麼自由自在！哪兒還需要人？

然而，一個女孩闖進他生命，他墜入愛河。

安娜—凱瑟琳躺在四柱床上，床上鋪著法拉利紅色跑車色澤的床單；她身上穿著一件絲滑的黑色睡衣，臉上是一抹無憂無慮的笑容。「這是我的王國！」她張開雙臂，高聲宣告他們周遭的富足，向拿著攝影機拍攝的男友拋出一個飛吻。

閣樓的小天地一如以往，只有他們倆，時間在〈亞當夏娃〉牙雕到手的前後。此時他們在一起已經5年了。安娜—凱瑟琳嬌小玲瓏，身高160公分，兩頰上有酒窩，下巴有個凹窩；一頭金色短髮，凌亂而時髦，還有一絡捲髮頑皮地掛在額頭兩眉之上。他叫她妮娜，她暱稱他史蒂，但只有在彼此之間如此。公開場合中，特別是他們對外是一個團隊時，他喜歡介紹他們是「布萊特韋澤與安娜—凱瑟琳」，用姓氏稱呼自己，加上安娜—凱瑟琳的名字；不是出於什麼邏輯道理，而是這種叫法他聽著愉快。

「到此1百法郎！」安娜—凱瑟琳調皮地對著攝影機說道。這大約折合20美元的價格，是進入這祕密王國的門票，還是什麼更具挑釁內容的門票？她伸出一隻手掌，彷彿在等待對方掏出現金。

布萊特韋澤在鏡頭後面調侃說：「太貴了！」他橫著身子移動步子，經過安娜—凱瑟琳擺放寶藏的床邊櫃，走到靠著牆壁的床，一幅幅17世紀的法蘭德斯風景畫高掛牆上。

她撒嬌說：「回來！我給你一個真的吻！」說著，將臉湊向鏡頭。密閉的空間裡，出現一絲感官的悸顫，影片就在這裡結束了。他放下攝影機，大概是要去回應她的雙唇。

對布萊特韋澤來說，打從一開始，跟安娜—凱瑟琳在一塊兒，感官就像跟一件藝術品在一起一樣。布萊特韋澤看到一件美麗的藝術品時，他說自己的手指尖就會起顫，感官被微調，接下來是隱約作響的觸動在皮膚竄開，就好像在他和藝術之間的電路接通了，感官被微調，思維受衝擊。這種感覺布萊特韋澤稱為「怦然心動」——如同心臟受到電擊時——達到巔峰。就在那一刻，他知道自己會費老大的勁兒去占有一些東西。

高三那年，只有少數幾個考古迷朋友是他穩定的同伴。1991年秋天，在其中一人的生日派對上，有人把安娜—凱瑟琳介紹給他。他們兩人出生的時間相距不到3個月，家中幾代都在阿爾薩斯。他感覺她非常漂亮，有生以來第一次為一個真人經歷了「怦然心動」。他以前從未有過認真的女朋友，他說：「我馬上就愛上她了。」

她也愛他。所有認識安娜—凱瑟琳，願意談談她的人都認為，這對情侶的關係不健康、不理性和太魯莽了。但他們也承認，她是死心塌地愛上他了，與她長期相處過的律師艾瑞克·布勞恩（Eric Braun）就是這麼說的。他說：「她不是一個用情不一的人。」對戀愛，

安娜—凱瑟琳要麼就關閉心扉，要麼就傾心相與，沒有模擬兩可之處，布勞恩說「不是直截了當接受就是不假辭色拒絕」，而對布萊特韋澤絕對屬於前者。

他們相遇時，布萊特韋澤仍然和父母住在孩提時代的那棟「高級資產階級豪宅」，這也是安娜—凱瑟琳後來向警方辦案人員的形容詞。她自己出身清寒，父親約瑟夫・克蘭克勞斯（Joseph Kleinklaus）是餐廳二廚，母親吉內特・穆林格（Ginette Muringer）是幼兒園的保姆，她本人是三個兄弟姐妹中的老大。布萊特韋澤家族當時仍然擁有一艘電動小遊艇，遊艇甲板下有臥艙，可以乘著橫越瑞士和法國之間的日內瓦湖，在鋸齒山脈中的這個新月形湖泊，從事多日航行遊湖。冬天，布萊特韋澤一家在阿爾卑斯山滑雪；夏天，他們在阿爾薩斯的鄉間健行，在傳統的旅館裡用餐。布萊特韋澤學過網球，也有水肺潛水證書，這些都是安娜—凱瑟琳年輕時無緣參與的活動。

與布萊特韋澤同進同出似乎喚醒了她強烈的冒險精神。布勞恩說，在布萊特韋澤之前，她的生活「也許有點單調」。安娜—凱瑟琳和家人有經濟壓力，有一段時間連汽車都沒有，成年後她也沒學開車。布勞恩說：「她少了一些生活熱情，而布萊特韋澤提供了這些，此外，他還給了她一種徹底活著的感覺。」

同時，她也睜開了眼睛，看見他們周圍更多的美。布萊特韋澤一直深受各式各樣物品和風格的吸引，但安娜—凱瑟琳是他真正的美感繆思；布萊特韋澤堅信，是她引導他願意

藝術大盜 | The Art Thief | 50

走向成熟。他說：「她的品味無可挑剔，無論是精緻文化還是民間藝術，從衣服到古董、到美術。」他們經常一起參觀博物館，通常在奇特的小鎮，在那裡，王室風的作品可能會與更適合舊物車庫大拍賣的物品混搭。布萊特韋澤和安娜—凱瑟琳並不在乎哪種範疇，他們根據每件作品的情感特徵來評價作品，在虔誠的靜默中參觀展間；只要和她在一起，世界就會大放光明。他說：「我們可以讀懂對方的反應，語言是多餘的。」

布萊特韋澤人生快要崩潰時，她在一旁撐住他。他和母親從豪宅搬到了宜家家具公寓。安娜—凱瑟琳似乎覺得兩人關係遇危則強，就好像兩人共患難走過了難關。她開始在他的公寓中過夜，在藍色三夾板木框中的狹窄床墊上同枕共眠。這是他們搬到閣樓屋之前；他還記得牆上釘著的電影海報，對《雨人》（Rain Man）和電影主角達斯汀·霍夫曼（Dustin Hoffman）記憶猶新。布萊特韋澤說兩人的氣味相投、個性互補長短——他情緒易起伏，她則冷靜、不旁顧；「周遭可能天都塌了，她也不動聲色，」布萊特韋澤這麼形容女友。

在職業方面，兩人都很辛苦。安娜—凱瑟琳一直有志考照當合格護士，斯特拉斯堡大學（University of Strasbourg）大學部註冊念法律系。然而一個學期後，布萊特韋澤便輟學了，安娜—凱瑟琳也沒通過護士資格考試，只能找一份護佐的工作湊合著，做些替人更換便盆和清理垃圾的雜事。

1994年春末的一個週末，他們參觀了阿爾薩斯農村坦恩（Thann）；農村裡有幾戶人家，老屋低矮，環繞著中央高聳石塔的哥德式教堂。當地博物館是一棟翻修過的16世紀糧倉。當這對情侶到達二樓時，布萊特韋澤的目光被一個展示櫃所吸引，感覺如受雷擊、心神蕩漾──「怦然心動」又出現了。

展示櫃裡是一把18世紀初的燧發槍，槍管和握把用胡桃木鑲銀手工打造，銀上有雕刻紋飾。他閃過腦際的第一個念頭是：這樣的東西他早該擁有。他的父親擁有幾管燧發槍。燧發槍是家族收藏中布萊特韋澤最喜歡的物件，父親也深知此點。自父親打包離家之日起，他就再也沒有見過當中任何一把。布萊特韋澤曾嘗試在家附近的拍賣會上購買類似的物件稍加彌補，但都被財力雄厚的交易商出價比過。這些交易商得手之後再從自家商店出售，成交價格往往是他們購進價格的10倍。「太沒天理了，」布萊特韋澤這樣埋怨。

他死盯著槍，看了很久，然後他不想再看下去了，想把它帶回家。他悄聲對安娜─凱瑟琳說，這把槍比他父親收藏的任何一把手槍都更古老、更好。他說：「這是對我爸爸狠狠地將了一軍。」安娜─凱瑟琳與自己父母的關係很親近，但她對布萊特韋澤不滿父親深爲同情。據布萊特韋澤說，她見過他父親，但相處並不融洽，說自己父親看不起安娜─凱瑟琳出身寒微。

布萊特韋澤告訴安娜─凱瑟琳槍櫃上的門板沒有鎖。他高中畢業後在博物館短暫擔任

藝術大盜 | The Art Thief | 52

過警衛,如今3年過去了,但他留意細節的習性始終都在;四面沒有其他遊客,沒有警報器,沒有監視器,沒有警衛;博物館唯一的員工是一名暑期工讀生,待在樓下。那天布萊特韋澤背的背包是個小書包,但他覺得它夠寬敞可以用來作案。

布萊特韋澤說,安娜—凱瑟琳的回應標誌他們從此走上人生的不歸路。當時兩人都22歲。遇到安娜—凱瑟琳時,布萊特韋澤已經表現得像個小混混,在店裡順手牽羊,招惹警察。安娜—凱瑟琳從未觸犯法網,但這並不表示她厭惡布萊特韋澤的行為而不予苟同。

聽過安娜—凱瑟琳吐露心事的布勞恩說:「他無賴的一面可能還真吸引了她。」此時此刻,在燧發槍前,是進一步冒險的機會。安娜—凱瑟琳可能是要讓她叛逆的男友刮目相看,要感覺與他更貼近,也可能希望對方愛她更深。一些認識她的人說,她可能沉迷在駕鴦大盜邦妮(Bonnie)與克萊德(Clyde)的青春幻想中。

她說:「去呀!去拿!」

53 ｜ 藝術大盜 ｜ The Art Thief

他拉開陳列櫃的門板，伸手進去，抓起手槍，塞進背包。「我嚇死了，」布萊特韋澤說。

他和安娜—凱瑟琳並未想到這種行為可能意味著什麼，就從博物館揚長而去；開車途中他們經過綿延起伏的葡萄園和麥田，以為會聽到警車追來的警笛聲。他說：「我感到驚慌失措、想吐。」但路上沒遇到什麼事故，安然返回了公寓。

布萊特韋澤拿了塊軟布，沾了點檸檬汁，擦拭手槍。他從一本藝術雜誌讀到果酸會帶出光澤。槍枝果然亮了起來，滿室生輝，連帶的連宜家家具一度也變好看了。他說，它只是一次衝動的行為，拿了就閃人。他心想：留下那麼多犯罪線索，警察肯定會找上門。連續幾週他們每天都留意當地的新聞報導，兩人討論過將槍丟了，但又說服自己稍安毋躁。恐懼逐漸減弱為緊張，緊張又緩有看見任何跟盜竊有關的隻字片語。也許警察不會上門。很快地，一種自豪感爬上心頭，之後，更有幾分解爲鬆了一口氣，仍舊沒有警察的蹤影。快感升起。

6

藝術大盜 ｜ The Art Thief ｜ 54

這把手槍太精緻了，藏在藍色塑膠盒不見天日太委屈了。布萊特韋澤睡時就將槍放在自己身旁，還承認偶爾會想親吻它；到了「怦然心動」、欣喜若狂的程度，他對父親的懷恨，也被擁槍的幸福感所凌駕。至於他的愛情與犯罪搭檔安娜─凱瑟琳，他覺得，他們是靈魂伴侶，注定要在一起一輩子。

那種一連串的瞬間行動、心情如雲霄飛車的偷槍過程，從驚嚇過度到快樂異常，值得再次體驗。布萊特韋澤知道，行為只要稍稍調整，風險便可減輕許多。拍賣會滾一邊去吧！布萊特韋澤可用自己的方式累積藝術品。1995年2月一個冷天，在手槍竊案9個月之後，他和安娜─凱瑟琳開車進入阿爾薩斯山脈，來到一座雄偉堅固的紅色城堡。有著沙岩城堡塔與護城河的這座古堡建於12世紀，位於兵家必爭的貿易路線──小麥、葡萄酒、鹽和銀的輸送所必經──的交叉口，如今則是展現中世紀生活的博物館。他小時候父母曾多次將他留在這座博物館獨自參觀。他有在這裡下手的願景。

售票處的售票員說：「你們很勇敢。」她解釋，城堡裡沒有暖氣，冬天又凍又冷。布萊特韋澤沒有說正是因此而來；這個地方寒冷，每年此時不太可能有太多遊客前來。布萊特韋澤想，在這樣一座大又大又雜的博物館裡，遊客稀少，如果他行事謹慎，便有利於偷竊。

他背著他在偷竊手槍時所用的同個背包，安娜─凱瑟琳肩上掛著大提包。

在兵器室裡，他發現了童年夢想裡的一把十字弓。他和外祖父探勘海邊時曾經撿到弓

55 ｜ 藝術大盜 ｜ The Art Thief

弩殘片，但他一直幻想著發現一張完整的弓弩，綁著繩子從天花板垂下，弓上有老鷹雕飾和皮革流蘇。不過，他的記憶中忘了一個細節：十字弓掛得太高了，他搆不到。

布萊特韋澤作案的一個本領是，在充滿壓力的行動過程中意想不到的突發問題出現時，他會飛快地用簡單的方法化解。眼看著沒有警衛、遊客稀少，布萊特韋澤立刻將一張椅子搬過大廳，放在十字弓下面，安娜—凱瑟琳則在一旁提防參觀訪客或警衛突然現身。布萊特韋澤站在椅子上，解開了繩索，等弓弩到手，他才意識到弓弩之「大」——弓長如張開的手臂，無法拆解，背包或大提包都放不下。

這時需要另一個十萬火急的解決辦法。千年來城堡斥退了外來的掠奪者，但布萊特韋澤注意到，對於內賊，它卻還沒做好準備。展間裡有幾扇又高又窄的窗戶；窗戶的寬度顯然夠，而且用力就能打開，他從兵器展廳的窗戶探頭往外看：位高兩層樓，下方是岩石；他把十字弓拿到另一個房間、撬開一扇窗戶。這裡也有一定的高度，但下面是灌木叢。專為戰場使用而設計的十字弓夠牢，他設法把弓弄到了窗口，扔到窗外。

他們稍微流連一下，免得引起警衛的懷疑，但也沒逗留太久，足以讓人有時間發現兵器展廳裡空掛著一根繩子。布萊特韋澤和安娜—凱瑟琳出了城堡。她去暖車，他循著堡壘

的外城壁壘，穿過沼澤森林，長於健行的他身手矯健，很快就找到完好的十字弓。

一回到家，他們就像上次偷手槍一樣，最初一直忐忑不安。這一次，當地的《阿爾薩斯報》（L'Alsace）報導了失竊事件。他從報上得知，一直到他們參訪幾天之後，館方才發現十字弓失蹤，警方說還沒有人被列為嫌疑犯。報導讓他精神大振，他和安娜—凱瑟琳將報導剪下來，貼到剪貼簿。他說，他們對自己所做的事頗為自豪，第二次偷竊歷程也很快地從緊張變成歡樂。

他父母的離婚案也在不久後完案。布萊特韋澤的母親用離婚得到的錢在郊區買了一棟房，同意兒子和兒子的女友可以住在新居的閣樓，甚至經常為他們做飯。他母親可能很凶，但小兒科護士的職業，關懷照顧人自然不過。她對兒子如何支配時間，從不給壓力。布萊特韋澤說：「用餐之外，我和媽媽各過各的生活。」

外祖父母送了那張奢華的四柱床作為喬遷的禮物，他和安娜—凱瑟琳在上面鋪了天鵝絨和絲綢床單。布萊特韋澤發誓，他們的天地不容宜家和電影海報的再次出現。他們在楊旁擺放燧發槍和十字弓；他希望開始將閣樓裝飾得像羅浮宮的展間那樣，最終能綻放出一種古老世界的榮耀。這個計畫明顯還有很長的路要走，因為他們目前四目放眼所見，都是需要填滿的大片空白牆面。

十字弓到手後的幾週，布萊特韋澤和安娜－凱瑟琳一直在慶祝的情緒中，兩人決定去滑雪。1995年3月初的這趟滑雪行，是長期資助他的外祖父母出的錢。他們車上載著滑雪裝備，一路開到瑞士的格呂耶赫（Gruyères）城堡才停車。這一座13世紀建的堡壘，俯瞰著阿爾卑斯山中段鋸齒般的山脊，兩人一如往常，用現金買了門票進入。

他們特地來這裡偷東西嗎？關於這次與其他每一次的盜竊，布萊特韋澤都會說：不是，他們到這裡只是要看看而已。不過他也承認這是一種心理上的招數；如此一來，他們走進去時感覺上壓力會小一點，不至於緊張得露餡。其實正確的答案是肯定的。

布萊特韋澤有個老習慣，無論在哪間博物館，只要看到說明書都會拿一份。他在旅遊局和多家飯店大廳也拿過一堆。前往圖書館或瀏覽報攤時，他會翻閱每一本看到的藝術雜誌，也訂閱了法國藝術週刊《德魯奧報》（La Gazette Drouot）。

有時，在這些小冊子或出版物中，一件作品的形象會猛然躍入眼簾，他會手癢地翻閱所附的文章或圖說，在心裡記下藝術品的所在地點。對他以前去過的博物館，即使還是小

孩子的時候，他也會清楚記住感動他的展品。只要時間允許，布萊特韋澤和安娜—凱瑟琳就會前往現場去觀賞清單上的展品。當安娜—凱瑟琳可以向醫院請一整週休假時，布萊特韋澤就會規劃一條旅行路線，把幾處心頭名單串在一起。

他們計畫的範圍也就這麼多。一個視覺上的提示和一個目的地，就足夠了。其餘多多少少是看狀況，犯罪的速度則看參觀遊客和警衛的情況而定，他的雙手總是準備好出襲。他們在博物館裡大半的時候條件都不好——警衛、監視器和參觀訪客太多，要不就是他認為現場沒有藝術作品能激發他欲罷不能。布萊特韋澤永遠不確定他走出博物館或開回家的偷竊時，往往在公路旅行中，他們偶然會發現一間以前不知道的博物館，就會下車走進去。他唯一的作案專用工具是維氏牌直覺。若是看到一個作品打得動他，就會自動地嘗試就地盜竊。他唯一的作案專用工具是維氏牌（Victorinox）瑞士萬用刀，裡頭緊緊包住很多種小工具。

依在格呂耶赫城堡一座塔樓石階上時，布萊特韋澤看到了激發他半途停留的藝術品——一名老婦人的小幅人像油畫，身上戴著精美的珠寶，頭上蒙著肩巾，面容高貴而憂鬱。牆上的說明卡指出這是18世紀德國寫實畫家克里欽·威廉·恩斯特·迪特里希（Christian Wilhelm Ernst Dietrich）的木板油畫。布萊特韋澤對這位藝術家毫無所知，甚至不知道因為這個時代畫布非常稀缺昂貴，繪畫作品通常就是畫在木頭上。如今他站在這件作品前被迷

59 ｜ 藝術大盜 ｜ The Art Thief

住了，說自己可以感受到緊貼老婦人頸項的荷葉領的質感，端詳她眼睛時有股強烈的親密感。

布萊特韋澤研究過司湯達症候群（Stendhal syndrome），所知大部分來自他從圖書館借來的藝術理論書籍。對自己著迷的話題，相關書籍他一直如飢似渴般閱讀。安娜—凱瑟琳整天在醫院忙碌，沒有時間如此詳細研究，認識她的人也說她沒有多大興趣。她將說明書和研究都留給布萊特韋澤。

法國作家司湯達1817年在《羅馬．那不勒斯．佛羅倫斯遊記三部曲》（Rome, Naples, and Florence）中描述了一件發生在佛羅倫斯聖十字教堂的事件。大教堂裡有間小禮拜堂，司湯達仰頭欣賞拱形天花板上壯觀的濕壁畫，立時激動萬分，「如登天際、飄飄欲仙」。司湯達擔心自己的心臟快要炸裂，從小禮拜堂跌跌撞撞奪門而出，在恢復正常前，一度暈厥在外面的長椅上。

1970年代，佛羅倫斯中央醫院精神科主任醫師格拉齊尼．馬蓋里尼（Graziella Magherini）開始記錄遊客面對藝術時不能自已的實例，症狀包括頭暈、心悸和記憶力減退；一名婦人說，她覺得好像眼球長出了指尖。米開朗基羅的大衛雕像，就是常見的觸發例子之一。發作效應從幾分鐘到一、兩個小時。馬蓋里尼建議患者發病後臥床休息，有時需注射鎮靜劑，遠離藝術一會兒之後就會痊癒。

藝術大盜 The Art Thief | 60

馬蓋里尼整理出1百多個案例；男性和女性患者各占一半，年齡大多落在25歲到40歲之間。有此經歷的人容易在其他藝術品前舊病復發。馬蓋里尼後來出版了一本關於這種疾病的書，將它取名為司湯達症候群。此症從此受到廣泛報導；耶路撒冷和巴黎似乎是病例最多的兩個熱點，但除佛羅倫斯之外，都只是些奇聞軼事，情況也算不上正式的疾病，未列入《精神疾病診斷與統計手冊》（Diagnostic and Statistical Manual of Mental Disorders）當中。

布萊特韋澤說，聞知司湯達症候群一詞後，他有一種似曾相識的震驚感。醫師所記錄的，似乎就是他描述的「怦然心動」。發現自己並不孤單，他非常感激，人際疏離感也稍微減輕。

布萊特韋澤不會對每一件藝術品都有反應，遠非如此，但當他的魂魄被某件藝術品征服時，他會本能地立即有反應，而且往往情不自禁。「藝術是我的禁藥，」他這麼說。布萊特韋澤對真實的毒品一概拒於門外，除了出於禮貌必須小飲一口葡萄酒之外，他菸酒不沾，也不攝取咖啡因，大麻或其他禁藥更從來不碰，但一劑純粹的藝術卻能讓他暈頭轉向、神魂顛倒。

關於布萊特韋澤說自己有司湯達症候群，以及藝術對他是一種禁藥時，藝術界許多人說他是鬼扯，警方偵辦人員也認為他在撒謊。有些人認為，司湯達症候群只是時差反應或中暑的另一個新奇名稱罷了。批評他的人說，布萊特韋澤真正上癮的是偷竊行為；他是受

61 ｜藝術大盜｜ The Art Thief

對此，布萊特韋澤一概怒斥回應。他堅持自己的盜竊行為並不讓他快樂；他只是對到吹捧的順手牽羊賊，是個偷竊狂。

結果視若珍寶。他的強迫症是收集，不是偷竊。瑞士心理治療師米歇爾・施密特（Michel Schmidt）對布萊特韋澤進行訪談，並發表34頁的評估報告。2002年施密特曾經多次對布萊特韋澤進行訪談，對布萊特韋澤是什麼樣的賊也有話要說。施密特說，布萊特韋澤顯然是社會的威脅，自欺欺人地正當化自己的犯罪行為。至於布萊特韋澤是個病態騙子或是個有強迫症的小偷，報告中卻完全沒有這麼說。

施密特提醒，偷竊狂並不在意他們偷竊的特定物品，他們喜歡的只是偷竊行為本身。布萊特韋澤恰恰相反。他會有選擇性地談論他還有偷竊狂在技癢犯案後通常會悔恨交加，布萊特韋澤是真的出於熱愛藝術而偷竊。

布萊特韋澤的盲點是，他人對他的看法，他渾然不察。布萊特韋澤認為，他不被視為特例而被看成普通小偷，唯一的原因是警察、心理諮商專家及大多數藝術界人士的審美無能，無法了解司湯達症候群發作是怎麼一回事，而這讓他非常沮喪。他知道自己的感受，但他如何去證明呢？

在格呂耶赫城堡的塔樓裡，凝視迪特里希的人像畫，他形容自己「目瞪口呆、讚嘆不

藝術大盜　The Art Thief　62

已」，足足盯著它10分鐘，動彈不得。之後，他知道要做什麼。塔樓裡尚未安裝監視器；布萊特韋澤經常驚喜萬分地發現地區性博物館鮮少受到充分保護。這時身邊沒有警衛或遊客靠近。他將目光從肖像上移開，看向安娜—凱瑟琳。她當然喜歡布萊特韋澤看上的藝術作品的風格，但還沒到嚴重到有司湯達症候群的地步，她更爲愛戀的似乎是布萊特韋澤。她用眼神回應了他的目光，表示同意。

他將畫拿下來，拔出框背釘畫的4個薄釘。他用汽車鑰匙的邊緣來完成任務；車鑰匙是一種輔助性的非正式工具，是瑞士萬能刀的配角。他將畫框放在塔樓較高處，並將說明卡片放入口袋。牆上原來掛畫留下的那個披薩盒大小的痕印，他無計可施。

布萊特韋澤和安娜—凱瑟琳一起步出城堡；他的外套蓋住作品——這是他們竊取的第一幅畫，也是他們第三次共同作案。他們在格呂耶赫的中世紀村莊走了好長一段路，才走到停車場。他們把這件作品放入皮箱，開車離開；後來一度靠邊停下，也只是爲了要仔細欣賞這幅肖像；之後他們才向滑雪坡道飛馳而去。

一年之內在博物館3度行竊，不簡單；大多數竊賊只受博物館誘惑，一生下手一次而已。即使沒被抓到，要成功也有如登天那麼難。

偷走〈蒙娜麗莎〉的男子在羅浮宮打雜，潛伏8個月。1911年8月星期一清晨7點，文森佐‧佩魯賈（Vincenzo Peruggia）穿著工作服和其他人一起進入博物館。當天博物館因大掃除休館，大多數警衛不上班。佩魯賈的工作內容之一是加強貴重藝術品的安全性，正因為如此，他知道如何準確地將〈蒙娜麗莎〉畫框從牆上4枚固定住的栓鉤取下。取下來之後，他躲進螺旋樓梯間，拆除了畫框，蓋住木板——達文西在木頭上作畫——帶走他一生唯一偷竊過的作品，走到巴黎街頭。

1975年，波士頓美術館（Boston Museum of Fine Arts）一幅林布蘭的作品失竊，一共17人參與其事，包括把風、司機、槍手和竊賊。策劃首腦是新英格蘭的邁爾斯‧康納（Myles Connor Jr.），他是高智商俱樂部薩（Mensa）的成員，也是一名吉他手，曾與海灘男孩樂團（Beach Boys）一起巡迴演出，曾在他策劃的另一起竊盜案中開槍打傷一名警察。

1985年，墨西哥市兩名竊賊在6個月的時間裡勘察了國家人類學博物館（National Museum of Anthropology）50天，研究建築物布局陳設與安全措施的每一個複雜之處。在耶誕節早晨的黎明前，他們從空調管道爬進博物館；走時，帆布袋裡裝滿了馬雅和阿茲特克文物；他們怎麼來就怎麼走，溜出去的過程中根本沒有驚動警鈴或遇見警衛。

2000年，在瑞典國家博物館（Swedish National Museum），瑞典、伊拉克和甘比亞罪犯組成的國際團隊暴力演出。兩起協調好的汽車爆炸驚動斯德哥爾摩，市中心陷入恐慌，通往博物館的道路封鎖。已經在博物館現場部署的強盜，持槍控制住博物館工作人員和遊客，帶走了兩幅雷諾瓦（Renoir）和一幅林布蘭的畫作。當警察趕到一片凌亂的犯罪現場時，竊賊已乘快艇逃離斯德哥爾摩市，穿過斯德哥爾摩灣揚長而去，後來棄船將贓物移到汽車上開走。

然而，在大多數博物館行竊的真正困難是，它不只是要有準備工作或後勤支援；破解安全系統、關閉監視顯示器、規避警衛、將藝術偷偷運出虎穴之後，真正的頭痛其實才剛開始。舉世無雙又可追蹤的物品，圖像可能會出現在新聞上，而到手的贓物卻不能見天日，這就是一種重擔。展示來路不明的作品是有風險的，而試圖出售風險會提高更多。

偷走〈蒙娜麗莎〉的小偷佩魯賈把畫用紅色絲綢包好，放在他巴黎公寓的壓箱底，埋在一堆木工工具之下。他跟所有羅浮宮工作人員都受到法國警方調查人員的盤問。警方說，

65 │ 藝術大盜 │ The Art Thief

佩魯賈態度冷靜，願意配合，就排除了他的嫌疑。佩魯賈等了兩年半，決定將這幅全球最有名的畫賣給一位義大利交易商，後者打的廣告是買下「各種藝術品」。佩魯賈旋即被捕，〈蒙娜麗莎〉完好地回到羅浮宮。

17人的國際小組，由通風管道逃逸、施放汽車炸彈，這些可能具有令人難忘的電影效果，但幾乎每一件失竊品都被追回，大部分的竊賊也進了監獄。對大多數鋃鐺入獄的竊賊來說，這是他們一生中唯一的一次博物館犯罪行為。出名的例外案例是門薩會員康納，籌劃波士頓美術館槍案的首腦。

父親是警官、母親是畫家的康納，在1960、1970年代策劃搶劫了新英格蘭地區10幾家博物館，也在聯邦監獄度過10多年，不過，在博物館竊案史上，他絕對屬於高手層級，可以說寫下藝術犯罪史上的最高標準——在公共博物館300多年歷史上能幹10幾票劫案的人屈指可數。

1995年4月，出襲格呂耶赫城堡一個月後，布萊特韋澤和安娜—凱瑟琳回到瑞士。這裡的藝術和大自然的瑰麗，符合布萊特韋澤心目中的天堂標準，博物館裡外外的美麗也盡在其中。遊覽位於河畔小鎮索洛圖恩（Solothurn）戒備森嚴的美術館時，布萊特韋澤閃電出手——「時間剛剛好夠我出手」，帶走一幅16世紀的宗教畫。這幅聖像畫原是祭壇的一部分，畫的是早期基督教神學家聖傑羅姆（Saint Jerome），以講述道德生活知名。聖傑

羅姆曾寫道：掠奪藝術是不聖潔的，盜竊宗教藝術品更是罪加一等。

「聖傑羅姆竊案」立刻引起注意。也許還不夠及時，因為被人發覺時，這對離開博物館了。布萊特韋澤認為他們出入穿著入時──雨果博斯（Hugo Boss）套裝和香奈兒衣裙，而不是拿烏茲衝鋒槍和炸彈，大大降低了被目擊者認出的可能性。他說，最佳的犯罪不是以力制力，而是作案時神不知鬼不覺。在博物館裡，他常常把自己想像成獵人，以時髦的穿著來偽裝。熙熙攘攘的博物館裡若沒人能夠描述小偷的長相，參觀者彼此互指，那麼幾乎人人都是嫌疑犯。報導說，當局對「聖傑羅姆竊盜案」究竟有多少人參與其事、涉案人長相，莫衷一是。

布萊特韋澤和安娜──凱瑟琳設法蒐集所有的相關新聞報導。這些報導是他們了解當局可能掌握了多少線索的主要資訊來源。迄今發生的4起博物館失竊案──法國的手槍與十字弓竊案、瑞士的老婦人畫像與聖傑羅姆像，從報上的報導看來，布萊特韋澤覺得辦案人員還沒有貫連起來，也未對連續犯案的盜賊可能經常伺機而動有所警覺。這些報導被剪下貼到剪貼簿，放在四柱床上，布萊特韋澤常常拿來一讀再讀，洋洋得意。他想像偵辦的警探都認為他們是貴族，是體面光彩的俠盜。

為了支付服裝和旅行費用，這對情侶非常節儉，許多衣服都是在相當於美國救世軍（Salvation Army）的法國恩茂斯（Emmaüs）二手店買的，大多數物品他支付的錢低於10美

元。除了外祖父母給的錢——每月經常超過1千美元——之外，他母親也提供他金錢、免費食宿。他領取失業救濟金，安娜─凱瑟琳每月帶回家大約1千5百美元，湊合著過夠了。為配合安娜─凱瑟琳的工作，他們雙打作案都在週末。她的風險承受力比他低，布萊特韋澤幾度要在一處博物館下手，都被她否決了。對警衛、遊客和監視器，她都更加謹慎，他說，雖然臉上沒表現出來，她在博物館裡往往是非常緊張的。她也有一定的尺度限制，無論安全措施有多鬆懈，到手的畫必須能夠平貼在他背上，無框，兩側最大約45公分；雕刻必須小於一塊磚，避免在外套、背包或皮包中鼓起，引人側目。

安娜─凱瑟琳偷竊藝術品的強項，似乎恰恰是布萊特韋澤不可思議的能力；安娜─凱瑟琳的直覺則是她的勝場。對發現安全缺陷、可能對他們起了疑心。他的注意力往往如雷射光束高度集中，她則關照全場。這種陰與陽的結合是他們竊盜武功高強的關鍵。沒有她點頭，也不消多說，布萊特韋澤通常就會適時縮手。他曾多次在媒體採訪中說：「我相信她的直覺。」然而哪件藝術品若在他腦子裡揮之不去，有時他也會選她上班時單獨回到現場；他會事後告訴她，要不就是她看見閣樓添了新的藝術品。布萊特韋澤說，雖然不熱烈，安娜─凱瑟琳還算能夠容忍他單獨作案。

有次單獨出行，他偷了一個大的木獅，獅爪下有一隻羔羊，是則羔羊代人贖罪的寓言。雕刻看起來美極，但藏在他夾克下面感覺就像是背了一塊煤渣磚塊；於是他把它放在肚前，

大腹便便、大搖大擺地走了。布萊特韋澤感覺自己在博物館可以形同隱形人。他原來就比一般人矮，不到175公分，輕盈如柳枝，加上膚色蒼白，有著一頭深棕色的頭髮和一張娃娃臉，可以融入房間的色調輪廓，融合成一體。他甚至可以在警衛、遊客就在不遠的情形下出手偷竊。

瑞士心理治療師施密特說：「布萊特韋澤的不凡之處就是他太平凡了，平凡到人不會注意到他。」他的一雙藍色大眼倒是十分銳利，上面的兩道濃眉也特別突出。儘管布萊特韋澤藝高心大、瞞天過海，但他的靈魂之窗卻會透出他的心事心情；當美麗出現在眼前時，他的一雙眸子立即充滿無限的驚嘆，會流出欣喜或悲傷的淚水；掉淚是常有的事。

沒有布萊特韋澤在場，安娜－凱瑟琳絕不會考慮偷竊。她的眼睛通常莫測高深；在一件作品離開博物館之前，她很少會去碰它。10次竊盜行動中，布萊特韋澤可能有一次會用到她的提包。她不算是小偷，但也不算完全「不是」。她更像是魔術師身旁的助手，在魔術師表演戲法時在後方走動，轉移過度好奇之人的注意力；必要時她會約束男友的一腔火熱，偶爾也會協助他。

有一次，他們將車停在法國的一間博物館附近，布萊特韋澤向安娜－凱瑟琳說他要休假一天，就把他的瑞士萬用刀留在車內。孰料他很快就迷上了一幅令人深刻的基督教使徒木炭畫；畫就平放在壓克力板下方的桌上，每個角落有螺絲固定。安娜－凱瑟琳翻遍她的

布萊特韋澤明白與安娜—凱瑟琳聯手，比單獨作案安全；如果他要長期行竊，就應等到週末。他大部分也是這麼做的。1995年春、夏，距離布萊特韋澤和安娜—凱瑟琳第一次攜手在博物館作案一年之後，他們摸索出一個令人難以置信的節奏，偷竊頻率跟任何已知藝術連續犯罪潮一樣頻繁——戰爭時期除外。他們來回瑞士與法國之間，試著在下手處與住處之間保持至少1小時的車程，最好是2、3小時；即使他們必須參觀幾處景點，到處都是博物館，大約每4個週末就有3個週末他們下手也能到手，收穫有：一張17世紀的戰爭場面油畫、一把鏤刻戰斧、一把裝飾性短柄斧和另外一把十字弓。另外就是一張16世紀的蓄鬚男子人像、花卉圖案餐盤、帶有黃銅砝碼的藥房黃銅小秤。

這樣便湊成了一打竊案。布萊特韋澤偷竊的動機不是為了藝術犯罪史上的排名等級，但他也知道這一點。他想擁有比他父親更好、更多的藝術品，讓閣樓的四牆蓬蓽生輝，在與安娜—凱瑟琳床上纏綿時，看到聚寶盆中的寶藏越來越多。他也希望能填補內心的空洞；然而無論他偷竊多少，虛空的黑洞感覺永遠填不滿。

皮包，找到一把指甲刀，便遞給他。布萊特韋澤使用指甲刀的握柄，設法卸下了兩顆螺絲；他撬起壓克力，但手指伸不進去。安娜—凱瑟琳可以。於是她出馬代打，輕鬆取出，交給男友帶出。

藝術大盜 | The Art Thief | 70

週末盜竊後的一個星期一,安娜─凱瑟琳去上班,布萊特韋澤去圖書館。他驅車前往默路斯的當地分館,或是斯特拉斯堡的博物館圖書館,或是去看瑞士巴塞爾大學(University of Basel)的藝術史收藏。通常一週裡這3個地方他都會去。

在圖書館裡,他從藝術家、時代、風格、地區等最基本的開始,閱讀了《貝內齊特藝術家辭典》(Benezit Dictionary of Artists)中的數十個條目。這套辭典是法國送給好學好問的藝術迷的奢侈禮物,堂堂14冊,共2萬頁。他仔細查看藝術家引用的文獻評述;他追溯畫的起源,瞭解歷來的收藏人。他有能力閱讀德、英、法文原文。不需上臨時工,不出去偷盜時,他就整天泡在書裡。

他偷來物件的相關資料都有自己的資料夾,放在閣樓的檔案箱中。資料夾裡包含影印的參考書條目,有他以小學生水準草書書寫的索引卡,以及他線條流利的三維立體繪圖,充滿細節。閣樓上也有他外祖父母出錢資助的私人藝術圖書館,藏書後來也超過了5百本。

他閱讀主題跟銀匠、牙雕師、琺瑯師和鑄劍匠有關的學術論文。他研究圖像學、寓言和象

徵主義，他決心讀遍有關十字弓文章，勤閱史書。他自己說道，單是關於阿爾薩斯的掌故，他就讀了5千多頁。

偷到〈亞當夏娃〉牙雕之後，他研究了好幾天，好去揣摩它的絲滑、柔韌的東西中做出紮實的作品。佩特爾是孤兒，在巴伐利亞長大，很早就展露天賦，他能在看來絲滑、柔韌的東西中做出紮實的作品。佩特爾的才華令德國王室刮目相看，受聘擔任宮廷藝師。宮廷藝師一職是通往事業成功的終南捷徑，但佩特爾寧辭不就，一心想突破時代的創作界限，自由自在地四處旅行。他在安特衛普結識魯本斯，魯本斯比他年長一輩，對他是亦師亦友，多有指點。佩特爾感激之餘，將〈亞當夏娃〉牙雕送給了他。可惜佩特爾沒有機會發現自己才華的全面深度，1635年死於瘟疫，得年34歲。

讀得越多，布萊特韋澤就越羨慕據為己有。他和安娜－－凱瑟琳保持緊密的盜竊節奏，有時甚至馬不停蹄。1995年8月的一個週末，在瑞士湖畔的施匹茨城堡（Spiez Castle），他們同時偷走了兩件藝術品：一頂16世紀的騎士頭盔，剛剛好可以放在他的背包裡，頭盔裡另外還放了一個手工吹製的玻璃沙漏。然後他們同一天在兩間不同的博物館偷竊；一次在午餐前、一次在午餐後。

偷東西，他們是天生的好手，善於應對風險，冷靜異常。然而，若深究他們若干藝術品能夠手到擒來，原因著實令人不安：許多地區的博物館運作完全依靠對社會大眾的信任，

而且程度令人吃驚。關於博物館的保護,難免有矛盾之處,因為博物館的使命不應該是把貴重的好東西藏起來,而是可以讓藝術愛好者在可能範圍之內一親芳澤,不讓安全設備成為欣賞的阻攔。要一勞永逸終結博物館犯罪很容易:將作品鎖在保險庫中不見天日,雇用武裝警衛看守。當然,這也意味著博物館的末日——今天,我們管這樣的地方叫做銀行。

布萊特韋澤每次都說博物館不知如何讓參觀者親密地接觸藝術,而加派更多警衛、加裝更多安全警戒線、更堅固的展示櫃、更多的玻璃護框、更多的電眼,都不太可能改善觀賞體驗。許多遭布萊特韋澤偷盜的博物館,似乎出於沒有受到該有的保護,那是因為確實如此。

預算緊的博物館館長不喜歡談論安全問題,這些機構也寧可購買更多藝術品,而不太願意把資金用在添進最新的保護措施,例如在畫布縫入細線一般的追蹤設備。吸引人群的是新作品,而不是更好的安全措施。

在地方性博物館中,有時會有一種不成文的社會約定。允許近距離接觸只有少許安全保護的無價之寶。社會大眾也會讓這些物品不受干擾,給予公共財應得的尊重。這些作品通常滿富精神意義和地方感,應該向所有人開放。而在安娜—凱瑟琳協助下,布萊特韋澤是這一公共利益的毒瘤,他獎勵自己,剝奪了其他人的權益。

即使博物館把所有的事都做對了,將資金和人力用到提高藝術品的安全上,可能還是

73 | 藝術大盜 | The Art Thief

無法阻卻布萊特韋澤。1995年9月，他和安娜—凱瑟琳參觀了巴塞爾大學校園內的一間博物館，就在他最喜歡的瑞士藝術圖書館附近。他垂涎的作品曾在一本說明冊子裡被提到，是博物館鎮館展品之一——荷蘭黃金時代大師威廉‧范米理斯（Willem van Mieris）的一幅古怪油畫，畫中是一位藥劑師和助手在準備藥材。作品情感四溢，寫實而荒謬，從在場的藥師助手不難注意到，包括：他身旁的一名孩童、兩名使者、一隻鸚鵡和一隻猴子。布萊特韋澤一看到這幅畫，就神往不已，臉上忍不住露出笑容。

監視器鏡頭直接對準這幅名貴的作品。布萊特韋澤和安娜—凱瑟琳可以不入監視鏡頭內觀畫，但有監視器在，通常就足以打消他們任何盜竊的念頭，然而，布萊特韋澤也注意到現場有一把空椅子，這把椅子改變了這個公式。他把椅子的事告訴了安娜—凱瑟琳，想知道這能否說服她放寬她的原則。他注意到，安娜—凱瑟琳也對這幅藥師畫反應積極，她否決盜竊時通常會擺出的堅持姿態，他這時感覺不是那麼強烈。這幅畫似乎對他們倆都有一種醺醺然的效果，就像美學上的香檳。她也可能像他一樣，想在兩人的暖床上盡情欣賞這件作品。對他繼續執行計畫，安娜—凱瑟琳點頭了。

布萊特韋澤背對監視鏡頭，脖子文風不動，直直往前，小心翼翼走進監視器的攝影範圍內。他手腳靈活，把一隻手伸到畫後面，鬆開牆鉤上的掛繩，另一隻手則用力將畫壓向牆面。

藝術大盜 | The Art Thief | 74

嚴格保持著背對鏡頭的姿勢,他僵硬地向左走了幾步,沿牆橫向滑動畫作,直到他走到監控盲區,拆除框架。這幅三聯木板畫比他想像的要大一些,無法完全放進他的外套裡頭或是安娜—凱瑟琳的提包內。安娜—凱瑟琳提著一個不久前採買裝東西的購物紙袋,而布萊特韋澤別無選擇,勉強將這幅畫塞了進去,很大一部分都露在外頭。他接過紙袋,快步走向出口。從抵達到離開,前後還不到15分鐘。

很多博物館的監控臺放在入口票檯後面的不對外開放區。買門票時,通常有機會瞥到其中一個就以那幅藥師畫為重點。他擔任博物館警衛時得知,受過使用監視器系統訓練的警衛可能寥寥無幾,有時只有一個人值班。即使無人代班,有監控技能的警衛也可能是在監控臺視線之外的地方吃飯和休息。

布萊特韋澤以前在博物館裡看到過這種情況,但還沒有弄清楚如何利用這種情況。當他和安娜—凱瑟琳午後不久到達巴塞爾大學博物館時,警衛辦公區的監視螢幕顯示了一把空椅。這一次,他有了主意。

進入巴塞爾大學博物館後,布萊特韋澤注意到臺上一排看得見現場實況的小螢幕,一眼。

他不怕被拍,只要沒人在看。他也必須確信兩人的臉不會被任何其他監視器的鏡頭拍下,在午休結束前離開博物館。他們必須在警衛注意拍攝藥師畫的監視鏡頭拍到的是一面空白的牆,在警報拉響前逃逸。布萊特韋澤的主意奏效了。他和安娜—凱瑟琳離去後,博

物館才發現藥師畫失蹤了。他們兩人成功地避開了所有監視器——除了一臺之外。這段畫面重播時,警察看到的只是一個男子的背影,身高略矮於一般人,留著棕色小平頭,穿著灰色薄風衣,也就是芸芸眾生當中的一個,認不出來究竟是誰。

1995年10月1日星期日，布萊特韋澤24歲生日清晨，全家開車出遊。安娜—凱瑟琳、布萊特韋澤的母親和她的一隻臘腸犬，坐著他開的藍色小歐寶一起穿越德國邊境。他們在秋葉覆蓋的黑森林裡漫步，然後驅車經過巴登—巴登（Baden-Baden）溫泉，到達山頂上的新堡（New Castle）；地名雖名「新」，但這裡是歐洲，城堡其實已有6個世紀的歷史。

他們走過一座吊橋，來到新堡。蘇富比拍賣行正在舉行一場盛大的遺產拍賣會預覽活動，城堡內106個房間都是展示間。布萊特韋澤預先郵購了拍賣目錄，有一幅畫在他腦海盤旋不去。他可以送給自己一份這種身價的生日禮物，將閣樓藏品提升到一個新的豐偉大水準，只不過身邊有母親在，有點礙事。

布萊特韋澤力陳他們母子之間幾乎沒有互動，但這只是與他年輕時相比；當母子倆聯合起來面對凡事挑剔的父親時，兩人倒是母子同心。即使是現在，他們也還同住一個屋簷下。閣樓上沒有浴室，所以他和安娜─凱瑟琳經常下樓。三人大約每隔一晚會一起吃飯、每週一次他們三人會一起去他外祖父母家。他的生日旅行母親也沒缺席。根據布萊特韋澤

的說法,在共處的很多時間裡,偷竊藝術品——他一生的重頭戲——的話題從未出現過。母子之間一定有彆扭的地方。

布萊特韋澤堅持沒這回事。他說,自己有圓滿掩飾所有罪行的本領。他母親和安娜——凱瑟琳一樣,爾不願透露她究竟有沒有起疑;如果起疑,又懷疑了多少。他母親史滕格都不接受記者採訪,因此史滕格爾家庭生活的細節,除了布萊特韋澤在攝影機拍下的片段之外,大多諱莫如深。不過,史滕格爾曾多次接受執法人員詢問與長談,這些談話紀錄可以取得。

他的母親沒有跟他們一起進入新堡;因為寵物不允許入內,史滕格爾領著臘腸犬去了花園。布萊特韋澤和安娜——凱瑟琳連忙走進城堡,穿過掛有麋鹿頭、烏木家具和布穀鳥掛鐘的房間,來到三樓的畫廊,1118號拍品就在那裡,他終於遇到了一個大寶物,那幅讓他神魂顛倒的〈克萊沃的希比爾〉(Sibylle of Cleves)。這幅16世紀的公主肖像是小盧卡斯・克拉納赫(Lucas Cranach the Younger)的作品。克拉納赫和他的父親老盧卡斯・克拉納赫(Lucas Cranach the Elder)是文藝復興時期最偉大的父子檔畫家。

布萊特韋澤被作品各個局部緊緻的細節催眠了。他說:「我看到她衣裳上的每根線,她血管裡的藍色血液。」這幅畫畫在木板上,沒有裝裱,很小,大約有一本精裝書大小,畫況甚佳,可能價值數百萬美元。蘇富比自1744年以來一直從事貴重物品交易,從不在安

全上馬虎。城堡裡裡外外都是警衛，每一間畫廊都有一名以上的警衛駐守。週日遊客很多，〈克萊沃的希比爾〉陳列在桌上的畫架，在展間中央，鮮明如日頭，被圓頂壓克力罩安全地罩住。這是高度的挑戰。下手的話會有點像敢死隊的自殺行動。安娜—凱瑟琳低聲說：

「別蠢了。」

他承認，當時的確有一種神風敢死隊出任務的感覺。對於一名要走上長期職業生涯的小偷來說，鐵律是：意識到什麼時候不拿，不管多麼令人洩氣，就一定不能拿。竊取如此引人注目的作品也會引起騷動，招來警方更嚴格的額外檢查。這對情侶從閱讀報紙文章中仍然感覺到他們每每比有關當局超前幾步，而犯下這樣的盜竊案可能會刺激警方窮追不捨。不帶走克拉納赫的作品是明智之舉；也許克制才是他最好的生日禮物。他們留下了畫像。

布萊特韋澤慢步走過更多的房間，但他的思緒死守原地。希比爾衣裙上精心繪製的刺繡珠寶，如星星眨眼閃爍，作品底部有一條小小的雙翼蛇，是克拉納赫家族的徽章。名畫上覆蓋的圓頂壓克力罩安靜地放在桌上；未上鎖，他只消舉起便可。可以想像，他若是在附近守候，可以在眨眼之間上前探囊取物，無聲無息，無人目睹；然後他可以走下兩層樓，經過10幾名保全人員，到達出口。每一步他感覺都是可行的，可以一氣呵成。生日似乎是衡量一個人能力的好時機。

他們不能把母親留在外面太久，但安娜—凱瑟琳默許回到〈克利沃的希比爾〉展畫處，

只停留一會兒。天色向晚,人群漸疏。保全的警覺心鬆懈了。被分派到克拉納赫畫作房間的保全站在門口與一位同事交談。機會已經形成。在一個有遊客和保全的人的方位很容易看見。布萊特韋澤腦子裡想像每個人的「移動路線」,當他察覺到有一個幾秒鐘的缺口漏洞出現時,他看向安娜—凱瑟琳。她一直在追蹤保全的動靜,這時她點了點頭。無人在旁,於是他出手了。

他抬起壓克力罩,拿起克拉納赫的畫,把它塞進拍賣目錄的書頁之間,然後把罩子放回原位。過程中他打翻了支撐作品的小畫架——犯了一個嚴重的錯誤。架子噹啷一聲倒在硬木桌上,聽在耳中如同霹靂。此刻他能做的就是完成他開始的行動。他把圓罩頂放在翻的畫架上,轉身面對後果。

幸運的是,這是一個語聲喧嘩的房間,似乎沒有人注意到有什麼事發生。他和安娜—凱瑟琳立即離開,走下樓梯,朝出口走去。門口穿著夾克、打著領帶的保全、耳朵上戴著無線電耳機;他們的行動可能已經被通報。布萊特韋澤沒有改變步伐節奏或行進方向,安娜—凱瑟琳也沒有。此刻的風險對他們來說是不成功變成仁,不自由就是監獄。無人攔下他們,他們安全地走出。

他的母親帶著狗,已經等得不耐煩了,他們匆匆忙忙穿過吊橋,回到車上。布萊特韋澤打開掀背車,放下裡頭夾著肖像名畫的拍賣目錄,大家都在車座上坐好,他母親顯然並

藝術大盜 | The Art Thief | 80

不覺得有什麼不對勁。在他開車前往外祖父母農舍吃生日晚餐的路上，他腦子裡不斷迴旋著一首曲子：「我24歲了，我有一幅克拉納赫！24歲！還有一幅克拉納赫！」

他出了什麼問題？

他不是偷竊狂；就算司湯達症候群是一種經過認證的疾病，他的罪行也沒有成為一個更好的探討焦點——在義大利醫師發現的司湯達症候群所有病例中，沒有人偷藝術品。布萊特韋澤似乎一定有某種嚴重的心理障礙症，有某種犯罪的精神錯亂，不斷困擾著他。他和安娜—凱瑟琳4個星期中3度下手，持續了6個月，而且還在不斷增加，著實有點嚴重。布萊特韋澤自己說這種節奏感覺很自然，可以持續下去。這就更離譜了。也許布萊特韋澤可以治療及治癒。

心理治療師施密特說，辦不到——犯罪性精神病沒得治。其他治療師也同意。布萊特韋澤不是自願與施密特會面，也未曾與發表過報告的其他心理醫師接觸。是司法系統強迫他檢查，治療師也知道他的種種犯罪行為。不過布萊特韋澤說：「心理學家把我當成一個他們非常想研究的怪胎，他們不過都是些大混蛋！」

2002年，布萊特韋澤成為施密特的實驗治療對象，對他做了一系列心理測試，包括

明尼蘇達多階人格量表（Minnesota Multiphasic Personality Inventory）、斯皮伯格情境―特質焦慮量表（Spielberger's State-Trait Anxiety Inventory）與瑞文氏漸進矩陣（Raven's Progressive Matrices）。施密特說布萊特韋澤是一個自戀者，是雅賊，認為自己能見人所不能，是生來就能夠感知事物真正美麗的鳳毛麟角，因此有權想要什麼就能拿什麼，無論合法與否。施密特補充說，布萊特韋澤還無視文明與法律，不顧他人，毫無悔意。因為布萊特韋澤從不到私人住宅偷竊、未煽起暴力，他也自認自己的罪行未央及無辜，無傷大雅。

施密特說：「他根本未考慮過我們若都像他一樣思考，社會將會變成什麼樣子！」

斯特拉斯堡心理學家亨利・布倫納（Henri Brunner）2004年評估布萊特韋澤寫道：「他凡事挑剔、苛刻、討人厭――一句話，不成熟。」布萊特韋澤1999年接受精神病醫師法布利斯・杜瓦（Fabrice Duval）診療，後者指出「他表現衝動、不考慮後果」。

溺愛他的母親迎合他的異想天開、有求必應，施密特也觀察到，講白了，他就是個大屁孩。施密特說，他的性格不太可能改變，除非布萊特韋澤學會尊重權威、建立社會人際情感、停止偷竊，心甘情願地接受密集治療。然而施密特不期望這一切會發生。

安娜―凱瑟琳2002年也在法院要求下接受法國心理學家塞薩・雷東鐸（César Redondo）的訪談。雷東鐸寫道，安娜―凱瑟琳擁有「令人滿意的智商能力」――這個心理

學語彙聽起來有些侮辱人，其實意不在此；也說她「個性脆弱」，易受擺布。雷東鐸懷安娜——凱瑟琳是被布萊特韋澤操縱才屢屢加入他的盜竊行動，說「她根本無力拒絕」；安娜——凱瑟琳沒有表現出嚴重的心理缺陷，她本身也不是犯罪威脅。不過他建議她立即開始心理治療。

治療師們一致認為，布萊特韋澤並沒有脫離現實，能夠分辨是與非，智力也在令人滿意的水準。施密特說，他的憂鬱發作、情緒搖擺都沒有高到臨床上失能的程度。他沒有真正的社交恐懼症，這從他勝任跑堂工作可以看出，即使工作是有一陣沒一陣的。斯特拉斯堡的心理學家布倫納說，布萊特韋澤沒有表現出任何可能改變他判斷的心理或神經異常；布萊特韋澤可以完全控制自己的行為。布倫納陳明，盜竊本身並不是疾病的症狀。因此，心理學家幾乎無法提出布萊特韋澤有任何犯罪型精神病症的論點。

施密特說，布萊特韋澤表現出自戀人格障礙和反社會人格障礙的跡象。這兩種障礙在重罪犯中都很常見，但無法解釋布萊特韋澤犯罪的根源。布倫納猜測布萊特韋澤基於某種心理原因，無法抵擋誘惑。在博物館裡，每個人都有同樣的念頭——「這若能掛在我家牆上就好了。」但只有布萊特韋澤擺脫不掉這個非理性的想法。對一般人來說輕如鴻毛的事，對他來說卻重如泰山。

布萊特韋澤最初盜竊的說辭是報復父親，如今已經說不通。他的藏品遠遠超過了他父

藝術大盜 | The Art Thief | 84

親的收藏，閣樓裡的囤積輕輕鬆鬆就可塞滿羅浮宮的一個展間。安娜─凱瑟琳似乎被這種刺激吸引，至少在某些時候如此，渴望取悅她的男友，心甘情願地夥同男友盜竊共同進退，這也是前無古人的行為，即使她從未說過閣樓缺乏藝術、還需要更多。布萊特韋澤顯然毫無道理地偷個不停，興致勃勃一如既往，甚或更多。

布萊特韋澤堅稱他有他的理由。他在圖書館深入研究藝術史期間，經常追蹤犯罪的線索。他說，〈聖馬可四馬〉（Horses of Saint Mark）不是他會順手牽羊的東西，卻是他偷竊的一個原因──這4匹近乎真實大小的銅製種馬，散發出一種令人興奮的動感。專家不確定這件作品的早期歷史，據信是由名雕刻家呂西普斯（Lysippus）西元前4世紀在希臘創造，大約400年後被尼祿的軍隊掠奪，後來落腳羅馬。

君士坦丁大帝在尼祿之後3個世紀將之擄取，並在君士坦丁堡競技場戰車賽馬場（Hippodrome）展示，4馬雄踞廣場900年。1202年，在殘酷的第4次十字軍東征中遭到洗劫，被放置在威尼斯聖馬可大教堂（Saint Mark's Basilica）的外牆上，在威尼斯的主要廣場上屹立6個世紀。拿破崙在1797年的義大利戰役中據為己有，用敞篷馬車載著它們在巴黎遊行，安裝在羅浮宮前的拱門上。滑鐵盧戰役後，英國軍隊沒收了這些馬匹作品，決定將它們送回歸屬原處──希臘、土耳其或羅馬都可以爭說是他們的，但最後它們回到威尼斯。

布萊特韋澤說，藝術的故事就是一個偷竊的故事。早期書寫使用的埃及紙莎草紙上就曾譴責盜墓者的禍害；西元前586年，巴比倫國王尼布甲尼撒二世從耶路撒冷拖走約櫃；波斯人搶巴比倫人、希臘人搶波斯人、羅馬人則搶劫希臘人、汪達爾人（Vandals）大肆掠奪羅馬的財富。法蘭西斯科・皮薩羅（Francisco Pizarro）、艾爾南・科特斯（Hernán Cortés）在16世紀初踩躪了印加人和阿茲特克人。1648年，瑞典女王克莉絲蒂娜（Queen Christina）從布拉格沒收了1千幅油畫，發給將領的糧餉就是藝術品。

拿破崙偷，羅浮宮才豐富；史達林偷，冬宮才有內容。希特勒是一位有抱負的水彩畫家，兩次被維也納美術學院拒於門外，他計畫在奧地利的家鄉林茲（Linz）建造一座博物館，要把世上每一件重要作品都搜刮進來。1759年，啓蒙時代英國第一座開放的國家美術館大英博物館裡，最重要的藝術品包括從奈及利亞搶來的貝南青銅器（Benin Bronzes）、從埃及走私出來的羅塞塔石碑（Rosetta stone），還有從希臘萬神殿切下來的額爾金石雕（Elgin Marbles）。

布萊特韋澤說，藝術品交易商和拍賣行是最糟糕的，每一個都比塵土髒賤。西元1世紀，歷史學家老普林尼（Pliny the Elder）曾描述羅馬帝國藝術品交易商的詐騙術；2000年9月，佳士得和蘇富比拍賣透過價格操縱，欺騙買家、賣家，被罰了5億1千2百萬美元。奸小兜售色彩已經有2千年的歷史。

布萊特韋澤說，每一件被盜的作品都代表著他行竊的另一個原因；藝術世界裡人人多多少少都是賊。到不了他手的東西，會落到別人手中。有些人作品到手是透過匯款給交易商，他則是用瑞士刀取得。最起碼，他也是藝術世界永恆淵藪中的大盜。也許當一切塵埃落定，這就是他的夢，藝術故事會把他當作英雄寫入。

在蘇富比拍賣會上克拉納赫畫作手到擒來，在外祖父母家生日晚宴之後，布萊特韋澤、安娜—凱瑟琳及他的母親回到家中。當時已是深夜；他母親回到房間，而這對年輕情侶則帶著拍賣目錄爬上樓。他們打開門，又把門閂上，然後他們緊擁在床上，從目錄中取出〈克萊沃的希比爾〉，用手掌愛撫著這幅畫；無框架、無覆罩、無人群、無警衛。

他們也看了這幅畫像的背面。背後有浮雕蠟印，印上有家族紋章，說出從克拉納赫到落入其手的450年旅程。他說，拿著這件世上絕無僅有的作品，他充滿了幸福感。他從罪的壓力中解脫出來，終於能夠充分品嘗他們無意讓別人有機會見到的禮物。

他們的閣樓是其他人的禁地，外人不得越雷池一步；一次也沒有，包括親戚和修理人員。東西若是壞了，就讓它壞下去，要不就是自己修理。他說：「祕密人生，是一種理想的生活。」做雜工他非常嫻熟，這是他從母親身上得到的特質。他的母親擁有包羅極廣的工具箱，而且非常擅長修補牆壁上的凹痕，布萊特韋澤管母親叫「補壁女王」。

12

藝術大盜 | The Art Thief | 88

有一屋子的藝術品,布萊特韋澤擺脫了他一度必須忍受的不必要互動。有一陣子他仍然有融入世界的念頭——與朋友廝混、喝啤酒、聊八卦和做一些其他在他看來荒謬的生活小樂事。心理治療師施密特說:「對他而言,藝術已經取代了社會。」布萊特韋澤發現大多數人都無聊之至,或不值信賴,或是兩者兼具。

「我是一個天生的孤獨者。」布萊特韋澤這麼形容自己。在他的腦海中,他、安娜—凱瑟琳、藝術,是一個等邊三角形,三者等距平衡,再無其他需要。他的一個幻想是帶著女友和戰利品一起出走,在一個像《魯賓遜漂流記》(*Robinson Crusoe*)裡頭形容的那種島嶼上定居生活。

安娜—凱瑟琳就比較外向點。她與醫院的同事互動,也有幾個朋友。她和布萊特韋澤偶爾會出外交際,但從不邀人到家裡,連一樓也沒人踏入過;只要不小心讓外人瞥見閣樓的東西一眼,一切就毀了。他們通常就是出去喝汽水飲料。儘管如此,安娜—凱瑟琳和布萊特韋澤還是不能老老實實地說他們是誰、他們是幹什麼的;他們不能如實向人顯示真我,真正的友誼也就別談了。

布萊特韋澤說:「我們兩人生存在一個封閉的宇宙中。」除了藝術新聞和他們行竊的相關報導外,外界的事他幾乎都不關注。他閱讀史冊,而不是時事。這對情侶大部分時間似乎都離群索居,閉關在閣樓上;他們的人生被顏色包覆,時而冒出驚險刺激的插曲,然而

其實也是單色的。認識安娜─凱瑟琳的人說，她有時覺得這種生活累得很。違法生活需要格守紀律。

他們的宇宙中尚有第3位居民──布萊特韋澤的母親史滕格爾，一直不自覺地在軌道上繞著他們轉動。她也屬於外向型，經常有朋友上門。1995年耶誕節，在偷得〈克萊沃的希比爾〉3個月後，布萊特韋澤曾在客廳裡錄下母親的身影。她身穿紅色無領襯衫、黑色緊身褲，偏小麥色的金髮在腦後挽成髮髻，要在華麗的銀燭臺上點燃高高的蠟燭，準備迎接客人的到來。

音響裡播放著聖誕音樂，玻璃花瓶裡鮮花盛放，聖誕燈泡在樹上閃爍；鋪著桌布的飯桌上堆滿了乳酪拼盤和蛋糕。安娜─凱瑟琳也在；她黑色無肩帶上衣外面罩著黑色西裝外套，戴著金色圈形耳環。她臉上露出酒窩，笑著從男友手中搶過攝影機，把鏡頭對準他。

安娜─凱瑟琳詢問他的新年新希望，說道：「說，你打算做什麼美好的事？」布萊特韋澤穿著一件灰色的馬球衫，鈕扣一直扣到脖子上，頭髮後梳、由中間分開。他十指交錯，抿著嘴唇，擺出一副莊嚴的表情。

「摳鼻子，」他戲說。布萊特韋澤對藝術狂熱可能像罹患了司湯達症候群，可能偷竊如同行家，但他實際上仍只是個孩子。他說：「就是這樣。還有什麼別的可做的？」他抬起一隻手，模仿著挖鼻孔的動作，說道：「做其他事，我都得進監獄。」

他無邪地盯著鏡頭，一直到臉孔漸漸化成露齒的微笑消失在鏡頭中，玩鬧也結束了。

安娜—凱瑟琳繼續拍攝。布萊特韋澤沉默了一會兒，把頭靠在右手上，然後揚起眉毛，說道：「能偷，我就會想辦法偷。」

安娜—凱瑟琳拿著攝影機在鏡頭後鼓勵他多說一點。他說：「繪畫、武器、古董。」漫不經心地揮舞著左手腕，他說，他的新年新希望是拿下價值數百萬美元、歐元、法郎的藝術品；不管是哪種貨幣，都數以百萬計。他說，若是不成功，他會哭：「我就會覺得渾身不對勁。」

客廳很小，整個房子都很小，他的母親也還在，而祕密需要空間。他母親坦承曾經看見他拿著東西上樓，但也僅此而已。史滕格爾在後來的審訊中曾宣誓作證，兒子旅行回家時會迅速地把東西拿進閣樓，將門鎖上。

即使這對情侶一直拴上門，室內的各個房間可用同一把鑰匙打開，他母親的鑰匙鏈也上有一把閣樓鑰匙。也許史滕格爾從不進閣樓的房間；也可能她相信每樣東西都是這對年輕人從一般實體商店買回；也許每樣東西都還沒有時間來得及懷疑。布萊特韋澤說，你若是對藝術沒有敏銳的眼光——有時即使你有，也很難分辨一件作品是無價之寶還是贗品。

他說，他母親不像他父親和他，並沒有內在的動力去收集或購買新物品，一輩子戴的都是同一支手錶。但從家庭生活影片可以清楚地看出，他的母親對家中事其實心裡有數。

91　藝術大盜　The Art Thief

布萊特韋澤從安娜—凱瑟琳手中奪回攝影機，在母親在房間走動之際，將鏡頭對準她；她下巴高抬、背脊挺直，氣質優雅。他直截了當地問她：「你聽到我剛才說的話了嗎？」指的是他決心竊取價值數百萬藝術品的新年新希望。他知道她聽到了。

史滕格爾什麼也沒說。她轉身離開兒子，大步走過紅白條紋相間椅布包住的軟墊扶手椅，走到立體音響前，彎下腰，放大音量。布萊特韋澤帶著挑戰意味地問道：「媽，妳剛剛把聲音轉大了嗎？」

她臉上的肌肉緊繃起來，退到離鏡頭更遠的地方，回頭瞥了兒子一眼，臉上露出不愉快的笑容，笑聲短促而高亢，似乎更像是強顏歡笑與惱怒。

她停下了拍攝。母親的同謀，因刻意迴避而減輕了，他說：「她知道，但她也不知道。」他母親有個熟人，一位住在巴黎的圖書編輯，形容史滕格爾受過良好的教育、有文化。這名編輯說：「她原諒了兒子一切的愚蠢，因為她愛他；儘管他胡作非為，她想保護他。」

她像鴕鳥把頭埋在沙子裡。

布萊特韋澤明白母親的為難，被迫在兒子和法律之間做出選擇。她似乎無法與她的獨生子斷絕關係，她不願意把他趕出家門，更不用說嘗試比這更嚴重的事情了。布萊特韋澤問道：「她能做什麼？舉報我？」

每當布萊特韋澤為閣樓添加一幅新畫時——克拉納赫的作品是6個月來的第6幅畫，他意識到如果他沒有畫框，再好的作品也會少了幾分尊貴的氣勢，就好像人沒穿衣服。他計畫加上畫框，而且畫框要好到不能辱沒藝術。

一天，無事可做，布萊特韋澤在離家不遠的默路斯老城區的鵝卵石街道上漫步，在街角看到一家他以前從沒注意到的商店。灰色的招牌不太起眼，告訴你這裡有藝術裝裱；櫥窗裡五花八門，有畫和裝裱零件。他走了進去。在一團美麗的亂堆中，一頭捲曲的黑髮的老闆兼唯一員工克里斯蒂安·梅希勒（Christian Meichler）對他大聲說：「日安！」

好奇之下，布萊特韋澤自我介紹。一聽到他的姓氏，梅希勒指出其中一幅待售的畫——羅伯特·布萊特韋澤的一幅活力充沛的作品。兩人也一見如故，一拍即合。布萊特韋澤不容易交到朋友，也根本不交朋友，從梅希勒是唯一的例外，即可證明。這位裝裱師比布萊特韋澤大6歲，也是藝術迷。梅希勒後來同意接受一次長時間的採訪，他說：「偉大的畫作將你帶到一個充滿光明和回憶的地方。畫的裡面有我的第二故鄉。」

梅希勒可能是布萊特韋澤的「孤立四重奏」——安娜—凱瑟琳、他母親、外祖父母之外，唯一一個可以說私下認識他的人。梅希勒說：「他很敏感，也多愁善感、眼光敏銳，是一個真正的收藏家。」不是只有梅希勒這樣認為，就連尖銳批評他的心理治療師施密特也在報告中承認，布萊特韋澤「有卓越的美感」、「從某方面看富有同理心、心地善良、熱愛美的事物」。

法國心理學家呂西安·施奈德（Lucienne Schneider）2004年在司法系統指派下與布萊特韋澤晤談，他發現布萊特韋澤非常自戀、痴迷成性、無法妥當應付挫折，也特別敏感和脆弱。袒露赤子之心，難免就會受到風吹雨打。施奈德的報告說，父母離異時的傷人氣氛「標誌著精神崩潰的臨界點」，他浸沉在藝術作品中，尋找慰藉與平靜。施奈德認為「他所有的不當行為，都可歸因於他因對藝術的強烈依戀而曝露出的心理創傷」。布萊特韋澤認為與他談話過的心理學家中，只有施奈德不是混蛋。

最抓得住梅席勒的藝術類型，也是同樣讓布萊特韋澤著迷的風格——文藝復興末期和巴洛克時期初期蓬勃發展的歐洲油畫，是裝裱者眼中「能夠沉澱出夢想與詩意」的畫作。梅希勒說，在他們倆建立友誼之初，布萊特韋澤安靜而內斂，「幾乎不說話，但當他敞開心扉時，熱情就滿出來了。對於他這個年紀的人來說，欣賞藝術更多是為了美而不是價值，實不多見。他是一名鑑賞家，談論藝術的方式有文化、有見地，而且誠實。」

布萊特韋澤最初對梅希勒扯的謊，之前他也說過──說自己是畫家羅伯特・布萊特韋澤的孫子，而實際上他只是遠房的曾侄孫。布萊特韋澤對他的藝術收藏的來源撒謊，告訴梅希勒藏品是在拍賣會上拍來的。除了這部分之外，布萊特韋澤堅持他在梅希勒面前表現的是真實的自己，對他的真誠除了安娜─凱瑟琳之外沒有第二人比得上。

美術裝裱師不會盤問客戶。他們經常為顯赫人家處理無法替代的物品；看著辦，是他們的準則。布萊特韋澤頂著傑出藝術家姓氏的光環，似乎是富家子弟，他選擇的一些畫框價格一個就超過1千美元；儘管布萊特韋澤和安娜─凱瑟琳收入微薄，布萊特韋澤還是接受了這個價格。梅希勒說，安娜─凱瑟琳知道這些大手筆，因為有時她會陪他去，會對畫框的選擇提供建議。

梅希勒為他裝裱的第一件物品是他偷的第一幅畫──老婦像，他與安娜─凱瑟琳一起去滑雪旅行的戰利品。裱起來之後非常美。當布萊特韋澤到商店去取梅希勒的第二件裝裱作品──聖傑羅姆肖像時，發現它鑲在一個漂亮的黑金雙色畫框中，框上有蔓藤花紋捲飾，畫還立在櫥窗中供路人欣賞好幾天。

其實這就能讓你被捕：謹慎放鬆了。允許友誼形成，也是愚蠢的缺乏紀律。布萊特韋澤鬆動了，但他不想結束這段友情。過去幾週他在梅希勒的店裡逗留不去，儼然成了他的非正式學徒，學會了如何安裝和拆卸各種類型的栓釘。在〈聖傑羅姆〉框裱後，布萊特韋

澤再次靠撒謊來維持友誼。他說自己太擔心在移動時損壞物品，不會再從家裡帶來藝術品，他只向梅希勒描述作品、提供尺寸、等框架準備好後，布萊特韋澤會自己上釘。

儘管他這位客戶表現出非比尋常的謹慎，梅希勒對自己交的朋友是史上最大的藝術賊之一似乎絲毫不察。他在這個痴迷於過去、瘦弱且神經兮兮的男孩身上看到了自己。梅希勒用法語 intemporel（永恆）來形容他們兩人之間的友誼，感覺相處幾小時的時間瞬間就過去了，而兩人都沒有注意到。梅希勒說：「我們互相學習，我們研究拍賣清單，我們對我們想要的藝術做大夢。」

不過，即使不知道這個朋友是名雅賊，梅希勒也感覺得到布萊特韋澤命中注定會有麻煩。他說：「藝術是精神食糧，但狂熱地想要占有它便是貪婪。他對藝術的熱情超乎理性，是一種折磨人的愛情，就像崔斯坦和伊索德（Tristan and Isolde）之間的淒美愛情一樣，無法消滅也無法實現。」

「有賊！」

在荷蘭南部城市馬斯垂克（Maastricht）舉行的歐洲美術博覽會（European Fine Art Fair）上，購買人潮沸騰的談話聲被尖叫聲打斷，吼聲是任何小偷都不想聽到的一句話：「有賊！」

儘管此刻他沒動手偷盜，布萊特韋澤聽見還是嚇了一跳，後來才恍然大悟不是針對他。他看著警衛在攤位之間鋪著地毯的走道上奔跑，展廳裡的人紛紛轉頭觀看。

撕扯與悶打聲引得眾人圍觀，連會場裡的參展商都跨出展區探頭而望。倫敦交易商龍頭理查·格林（Richard Green）在博覽總有一席最佳位置，這次也不例外：他嘴裡叼著雪茄，看著小偷被制伏、押走，被盜物品被追回。好戲結束了，格林回到他的攤位上，文藝復興時期的油畫擺放在架臺上，價格從1百萬美元起跳。然而，沒多久他就發現其中一個架臺上面是空的。

幾分鐘後，布萊特韋澤和安娜－凱瑟琳駛出停車場。布萊特韋澤此刻腦子裡的思緒讓

97 | 藝術大盜 | The Art Thief

他發暈：他開的車現在比路上經過的藍寶堅尼跑車還值錢，要是你把他後車廂裡的「紀念品」也算在內的話。儘管他有自成一格的偷竊習慣，這紀念品的外框也還沒脫去。意外情況有自己的一套規則。

這幅藝術品是老揚・范凱塞爾（Jan van Kessel the Elder）1676年創作的新風格靜物畫——一束鮮花四圍蝴蝶飛舞。站在博覽會走道上，離格林的攤位老遠時，布萊特韋澤和安娜—凱瑟琳的目光就被它吸引住了。他從未見過這樣的畫；顏料彷彿在發光。畫吸引、召喚他們；他們穿過一片海市蜃樓般的霞光，尋思著怎麼可能。一直到走到跟前，才看明白這件作品是畫在一張薄薄的銅板上。

他們之前曾經在另一場藝術博覽會上見過格林，詢問他一幅17世紀風景畫的價格。根據布萊特韋澤的說法，格林上下打量了這對年輕人，也許見他們身上的二手亞曼尼和愛馬仕服裝有點過於刻意，輕易、隨意地就打發了他們。

布萊特韋澤說：「格林有什麼了不起！去他的，去他的蒙特克里斯托（Montecristo）雪茄，去他的勞力士手錶。」

歐洲美術博覽會是豔羨藝術品的好地方，卻不適合下手盜取。會場的安全措施非常專業，有便衣到處走動。此外，參訪者離去時經常需在出口處接受檢查，要亮出購買證明，令布萊特韋澤下不了手。畫他一見鍾情，格林趾高氣揚，感覺上他偷是師出有名，取得授

藝術大盜｜The Art Thief｜98

權了，但想對成功率幾乎為零的目標下手，是傻瓜才會做的事。

似有天意一般，一個傻瓜這時彷彿受到提示般居然出現了。隨著兩聲尖叫，博覽會會場發生了變化；看熱鬧的人蜂擁而上，每個攤位幾乎都人去樓空。布萊特韋澤跟任何人一樣感到驚訝，然而，在接踵而來的騷動中，他進入竊取藝術的忘我境界，彷彿能從上空看到整個犯罪過程。他直覺到，出口處的警衛會離開崗位來協助逮捕。他放手一搏，賭上有期徒刑。

他低聲對安娜—凱瑟琳耳語，安娜—凱瑟琳立即不動聲色地走到格林攤位上唯一還在看守的員工面前，提出一個問題，用身體擋住了推銷員的視線。這樣就足夠了。雖然布萊特韋澤看到畫框上有很多釘子固定，無法迅速移除，仍在瞬間將畫從格林的展示臺架上解下；他們直奔門口而去，畫都還沒有完全藏好！布萊特韋澤賭贏了！他們快步走出出口，無人注意。

布萊特韋澤認為，沒有越過國際邊界，犯罪行動就還不算完全結束。即使在歐盟之內，仍然有官方設立的邊界站，車輛可能被搜查。要進入法國境內時，他們就像他們在每個邊境哨站所做的那樣，擺出一對時髦的年輕情侶模樣，是出外短途旅行回來。邊防人員揮手讓他們通過。回到家，他們將車停在母親家的私家車道上，帶著靜物畫走上樓梯，跨過閣樓的門檻，進入閣樓。

99 | 藝術大盜 | The Art Thief

他最近為到手的繪畫作品立了一個新規矩：在博物館標籤、原主家族徽章、蠟封和經常貼在畫後的庫存編號之外，添加了個人註記。他在一張紙條上寫道，「為了對藝術的熱愛，為了安娜—凱瑟琳，我的兩個最愛。」簽上自己的名字，然後用膠帶將其固定上去。

銅畫很迷人，但偷它的方式卻不是，絕對不是。他要積累藝術，而不是要冒險。對布萊特韋澤來說，最佳犯罪極其無趣。那種要從天窗凌空而降、閃過紅外線感測器的犯罪行動，請下載電影來看；若想偷盜藝術品，就應瞭解他是如何對矽利康下手的。

博物館展示櫃由強化玻璃或透明丙烯酸（如壓克力或透明合成樹脂）製成，通常在邊緣再用矽利康黏合。一位高明的外科醫師一刀下去就可打開密封；布萊特韋澤若用瑞士刀最鋒利的刀片在角落操作，垂直和水平方向精準各下一刀，面板就會鬆動。壓克力有相當程度的韌性，這種塑膠可以彎曲到讓人手伸進去的程度。

在法國西海岸一家只有一名員工的博物館裡，布萊特韋澤拆解了一個立方體形狀的櫃子，從縫隙中取出了3個象牙雕像和1個菸草盒。他把剩下的作品推來推去，用一枝筆均勻地重新排列展示品，然後將面板復原。成敗都繫於矽利康的偷竊計畫，理想的結局是讓展示櫃看起來原封不動。這次的整個犯罪過程中，櫃子的鎖一動未動。

在德國萊茵河畔的一座城堡裡，他以同樣手法拿走一尊1689年的金銀獎盃，這是一尊紀念萊茵河地區人民抵抗法軍的物品，承載著德國人的文化自豪；失竊後，獎盃的影像

藝術大盜 | The Art Thief | 100

1996年5月，他參觀瑞士一座城堡，伸手去取一把青銅獵刀時，發現當壓克力彎曲過度時會怎樣——面板爆裂，發出槍聲般的爆裂聲；碎片刺傷了他的雙手，噴出鮮血，布萊特韋澤立即緊張起來。他丟下刀，和安娜—凱瑟琳一起奪門而逃，在現場留下一堆被鮮血染紅的碎片。但不到一分鐘，他就恢復鎮定。城堡龐大，警衛不足，顯然沒有人聽到爆裂聲，布萊特韋澤折返原地，從碎片中取刀後離去。

立即上了警方通緝海報。幾小時後，布萊特韋澤在海關檢查站發現海報，當時他開車穿過德國邊境，車裡裝著獎盃，沒有受到攔阻。

經歷這樣一次太刺激迭起的出襲之後，布萊特韋澤和安娜—凱瑟琳週末開始避開壓力，打消任何盜竊行為。他們開始來趟大自然健行或城市漫步之旅，去逛精品店，去考察建築，或參觀博物館，報名參加旅遊。一旦旅行開始，他們顯然不會偷竊：有博物館工作人員陪同的導覽，他們的臉孔會被認出來。

布萊特韋澤偷竊藝術品靈光乍現的時刻，是在自發與簡單兩個因素碰撞之際。他的口頭禪是：「不要把事情複雜化，除非你能控制你的姿勢、語氣、反射和恐懼，工具毫無價值。當一切都取決於一個微小的動作時，你根本無法確定事情結果會如何。」

在導遊帶領下參觀一座8百年歷史的城堡時，布萊特韋澤瞥見一個阿巴雷約（albarello

陶土藥罐，它有著玻璃可樂瓶般的誘人曲線，高高陳列在架上，孤零零地、沒有保護。小偷顯然考慮做的事情，「恰恰」是小偷應該考慮做的事情。在導遊和旅行團、安娜—凱瑟琳魚貫進入隔壁房間，每個人都把注意力放在前面的寶藏上，他放慢腳步緩緩而行。城堡裡幾乎沒有監視鏡頭或警衛，也沒有人要求他把背包放在儲物櫃和安娜—凱瑟琳移向出口處；不慌不忙，但步履穩健地向門口走去。竊賊絕不會刻意帶著到手的戰利品在博物館裡逗留，當然也不會在精心規劃的逃跑過程中與員工混在一起。陶土藥罐的消失，不會破壞房間裡的平衡，不會造成明顯的差距。他相信，至少在幾個小時內不會有人注意到它不見了。通常，當布萊特韋澤取下一個物件時，會立即靈光一現。小偷顯然永遠不會做的事情，「恰恰」是小偷應該考慮做的事情。在導遊和旅行團、安娜—凱瑟琳魚貫進入隔壁房間，每個人都把注意力放在前面的寶藏上，他放慢腳步緩緩而行。

監視鏡頭和人有相似的局限；鏡頭和人眼的局限性，布萊特韋澤都可以推斷。陶土藥罐他在博物館裡逗留，當然也不會在精心規劃的逃跑過程中與員工混在一起。

這一次，他們一直留到遊覽結束，也一直愉快地與導遊聊天。布萊特韋澤預測，如果失竊立刻被發現，他們與導遊打成一片，也會排除他們的嫌疑，可能連背包都不會被搜這個想法他連測試都不必，他的直覺是對的——一直到他們離開很久之後，盜竊才被發現。他在導覽進行之際又偷了 6 次。從陶土藥罐盜竊案開始，他們買票時都表現友善，經常停下來向警衛問路，有時還和氣地揮手告別，這一切都出於同樣的理由：藝術竊賊一般不是這種作風。

有一次，他在法國南部一間博物館偷了一個泥偶後，還曾經親自打電話給當局。他走

回自己的汽車時發現車身被刮──很可能是被人用鑰匙刮的，布萊特韋澤非常氣憤自己的財產受到侵犯被破壞，氣到打電話報警。一名警員前來檢查損壞情況，做成申訴報告，過程中小泥雕像就坐在他的後車箱中。

另一次，他和安娜──凱瑟琳帶著兩幅16世紀的祭壇畫走出博物館；走到車前時，他們大驚失色──一名警察已經站在那裡。祭壇畫的木板長近60公分、寬近30公分，就藏在布萊特韋澤的夾克下面，左右邊各有一個。他不得不硬地將手臂壓在身上，不讓它們露出來，舉步維艱。這對情侶力持鎮定，客氣地詢問了警察在場的原因。警察說，他在開罰單──永遠都在設法省錢的布萊特韋澤，忘了在計費表投錢。其他小偷這時可能會鬆一口氣、付錢了事，布萊特韋澤可不是如此；他凶巴巴地與警察吵起來，爭辯時兩臂僵直，要說服警察撤回罰單。

1996年7月，布萊特韋澤在參觀法國北部一間寧靜的博物館。這間博物館專精於門環、香料研磨器等鐵製藝品，他發現許多玻璃門展示櫃本身就是精美的古董，特別是其中一個櫃子裡有只精美的奉獻箱，讓他想起外祖父母買來，放在他閣樓展示的路易十五時期的衣櫥。布萊特韋澤熟知家具形式的細節、木頭紋理與打磨，他認為這兩個櫥櫃可能是在同一個工坊製作的，甚至鑰匙孔的輪廓似乎也似曾相識。

他閣樓裡的展示櫃上了鎖，一如鐵鑄品博物館。閣樓櫃的鑰匙在身上皮夾的一個夾層

裡，周遭沒有訪客時，他將它掏了出來。幾世紀前的鎖打得很粗，變化有限。他將鑰匙插進博物館展示櫃的插槽，向左旋轉了四分之一圈；他聽到咔嚓一聲，栓子鬆了。他驚呼：「不可思議！奇蹟！」他拿出裡頭的奉獻箱，之後再把博物館的陳列櫃重新鎖好。

螺絲是他永遠的死對頭。理想的情況是：解開1顆螺絲，壁爐架上的青銅壁爐工具就可落袋；卸下2顆，戴羽毛帽的步槍手肖像就是自己的。為了偷一個有蓋的瓷器湯碗，他去了幾趟；一趟取下2顆螺絲，接下來的一週又去了一趟，卸下2顆螺絲。一個星期天，為了一枚鍍金獎章，他撐下12顆螺絲；他先將螺絲放在口袋裡，過後丟棄在外。

布萊特韋澤的螺旋戲法始自日內瓦附近的阿萊克西斯・福雷爾博物館（Alexis Forel Museum）。一件館藏有3百年歷史的大盤子深深吸引了他。這是荷蘭著名陶藝家查爾斯－法蘭索瓦・漢農（Charles-François Hannong）工作室的作品，安放在一個壓克力櫃中，嵌滿螺絲。固定釘實在太多了，但他正在興頭上，安娜—凱瑟琳也同意把風，他就嘗試了一下。

瑞士萬用刀在他的掌心旋轉；5顆螺絲、10顆螺絲、15顆，不顧一切，一鼓作氣，該放棄的感覺始終都在。他跟自己做了一個協定——他這輩子再也不會嘗試鬆開這麼多螺絲了——然後繼續撐20顆、25顆。

26、27、28、29，終於30顆都解開了。櫃子打開了，盤子消失在他的外套下。他們離

藝術大盜 | The Art Thief | 104

開了,但離開前,他也敏銳地感覺到有一種他以前完全沒有見過的危險;而像往常一樣,他的感覺沒錯。

亞歷山大‧馮德莫爾（Alexandre Von der Mühll）是瑞士兩名專門從事藝術犯罪偵查的警探之一，正在樓上的警察辦公室俯身看著電腦螢幕，檢查福雷爾博物館的監視畫面。圖像的粒子很粗，面孔也模糊，但畫中人物的行動卻一清二楚。一對衣著考究的年輕人顯然對隱藏的攝影鏡頭渾然不覺，正大膽地在午間搶劫。30顆螺絲被鬆開，一個大盤遭竊。

瑞士發生了一連串離奇博物館盜竊案，馮德莫爾確信其中大多數彼此有關聯。馮德莫爾是個辦案認真的人；體格魁梧、嫉惡如仇，是個不折不扣的警察。他和藹健談，對可以負擔的19世紀藝術品，也非常熱衷於收藏。馮德莫爾說，博物館是世俗的教堂，在博物館行竊，是褻瀆行為。

馮德莫爾也認得出來這些犯罪案的共同特徵——發生在光天化日、出手膽大心細。他注意到：贓物從銅秤、戰斧到油畫肖像，都是文藝復興晚期的作品，而且對法蘭德斯藝術品情有獨鍾。偷竊狡猾的程度、頻率和間隔告訴馮德莫爾，犯案的人感覺自己沒有留下任何犯罪證據或目擊者，只有一片嘲諷——一幅畫被偷了，剩下畫框空留現場，下手的人覺

15

藝術大盜 ｜ The Art Thief ｜ 106

得永遠抓不到自己。馮德莫爾認為，這種自大為破案打開了大門。

犯案的小偷很少帶走最出名或最明顯的曠世鉅作。他們下手的對象是名氣小些的偉大作品，容易脫手和回鍋到市場。即便如此，藝術犯罪非常複雜，犯下大錯免不了；有時，錯誤只是沒有注意到類型罪犯。馮德莫爾猜想他正在追捕的是一個或多個了解藝術的罕見博物館監視器隱藏的攝影鏡頭——福雷爾博物館的就偽裝得非常好，馮德莫爾拒絕公開透露裝在哪裡，他希望，這段影片就是他一直要找的突破口。

馮德莫爾認為竊賊的動機是錢財，完全是可以理解的。藝術品價格一路飆升已經數十年，幾乎沒有停頓。儘管美術市場缺乏透明度與監管，抗拒提供準確的數據，價格飆高也與盜竊案激增吻合。反藝術犯罪研究協會（Association for Research into Crimes Against Art）是一個由教授和安全專家組成的國際團體，每年出版兩次《藝術犯罪雜誌》（The Journal of Art Crime）。協會的報告說，偷盜的藝術品和古物是世上收入最高的犯罪交易之一，全球每年至少有 5 萬起藝術品盜竊案，大部分發生在私人住宅，而不是博物館，失竊總價值達數十億美元。

小偷最覬覦的是巴勃羅・畢卡索（Pablo Picasso）的作品，畢卡索也是有史以來被盜最多的藝術家，也許是有這個身價吧！1911 年〈蒙娜麗莎〉盜竊案發生後第一批被捕的人，畢卡索居然赫然在列，當時他 29 歲，住在巴黎。他被抓進市中心警局，被控與他一

名相識之人共謀策劃）。畢卡索嚇壞了；雖然他對偷盜〈蒙娜麗莎〉一事一無所知，但幾年前他確實曾委託皮耶特到羅浮宮偷東西。

據報導，1907年畢卡索給皮耶特50法郎（約合10美元），要他從羅浮宮偷出來一對原屬畢卡索家鄉伊比利亞（Iberia）的古老石像。皮耶特完成使命，把石像藏在外套裡，帶出羅浮宮。這些小雕像的臉部線條扭曲，畢卡索把它們放在他的工作室裡，作為開創性的〈阿維儂少女〉（Les Demoiselles d'Avignon）的範本，畢卡索在自傳中也不否認確有此事。〈阿維儂少女〉開創了立體主義。

警方調查人員迅速得出結論，畢卡索和皮耶特都與〈蒙娜麗莎〉失蹤案無關，但顯然受自己被拘留嚇壞了，幾天後讓一位朋友匿名將它們送到了《巴黎日報》（Paris-Journal）辦公室。報社總編輯將作品歸還給羅浮宮，畢卡索和皮耶特從未受到懲處。

被盜次數最多的藝術家包括薩爾瓦多·達利（Salvador Dalí）、安迪·沃荷（Andy Warhol）和胡安·米羅（Joan Miró），但沒有一個人的紀錄能接近畢卡索——大約1千件作品被盜，其中包括1976年法國阿維儂教皇宮（Papal Palace in Avignon）展覽中一次就有118幅失竊。一支戴著滑雪面具的武裝團體，在閉館後發動突襲，毆打並堵住夜間值班警

藝術大盜 | The Art Thief | 108

衛的嘴，然後開著一輛送貨車帶著這批畫離開。8個月後，畢卡索所有失竊的作品都被找回，7名黑幫被捕。這批人試圖將戰利品賣給一個他們認為是黑市藝術品的經紀人，但實際卻是臥底的警察。

阿維儂警方能夠破案，是因為一名警察滲透到藝術黑社會，以及有現代化的藝術偵查特別小組協助。義大利政府於1969年首次成立掃蕩藝術犯罪單位，而保護文化遺產憲兵指揮部（Carabinieri Command for the Protection of Cultural Heritage）人力仍屬全球最大，旗下大約有300名幹員。此後，另有20個國家紛紛仿效，儘管瑞士等國只雇用了幾名探員。在美國，聯邦調查局的偵查藝術犯罪小組旗下有20名特勤人員，並針對失蹤的藝術提出十大通緝名單。

法國的藝術警力有30人，全名是打擊文化財販運辦公室（Office for the Fight Against Trafficking in Cultural Goods, OCBC），公認在技術與成就方面僅次於義大利的團隊。1996年夏天，當馮德莫爾在瑞士整理自己的案件時，一位名叫伯納德·達蒂斯（Bernard Darties）的探員，也是指揮鏈中的二號人物，發布了一份內部備忘錄。在備忘錄中，達蒂斯列舉了法國可能彼此相關的14起藝術品盜竊案。就這樣，布萊特韋澤和安娜—凱瑟琳在兩個國家都被窮追不捨。

109 | 藝術大盜 | The Art Thief

達蒂斯備忘錄中，有一則提到1996年8月布列塔尼（Brittany）小鎮博物館的象牙小雕像失竊。一名目擊者說，牙雕失蹤之前，曾看到一男一女在這件16世紀的牙雕附近徘徊。在此之前幾個月，法國東部一個更小的小鎮上，一張絲繡掛毯失蹤，一對青年男女有嫌疑，這張掛毯也是16世紀的。

鼻尖上頂著一副小金屬細框眼鏡的達蒂斯，專門研究法國最近發生的藝術偷盜犯罪事件。他發現10幾起案件中的類似模式。推測犯案的是一對夫妻檔，有很高的文化教育修養，可能是大學教授。達蒂斯說，他們顯然有藝術品味，而且在搶劫博物館方面甚有能耐。他備忘錄中若有一半的盜竊是他們幹的，那麼他們的活躍程度驚人。

在從事藝術犯罪調查之前，達蒂斯在反恐領域幹了10年。他看到了藝術品竊賊和恐怖分子之間的相似之處——罪行都對社會穩定造成破壞，且帶來心理上的發酵後果。達蒂斯清單上最接近恐怖主義的罪行可能是1996年盜竊法王法蘭索瓦一世（François I）統治時期的宮廷畫家科內耶・德里昂（Corneille de Lyon）的一幅肖像畫。法蘭索瓦一世曾以4千

金幣的價格，直接從達文西的工作室買下〈蒙娜麗莎〉，達文西創作這幅不朽作品懸掛在法國，原因也在此。

1536年，德里昂為法蘭索瓦一世10幾歲的女兒瑪德蓮（Madeleine）畫了一幅人像。這件作品是藝術內斂的登峰造極之作——簡單的綠色背景，瑪德蓮頸上有一串珍珠、紅寶石項鍊；表達直截了當，然而作品中的悲傷也透露無遺。瑪德蓮的健康極差，德里昂不迴避命運的無情，反而似乎去抓住人生的無常。肖像畫完成一年後，瑪德蓮死於肺結核，年僅16歲。

這幅〈法蘭西的瑪德蓮〉（Madeleine de France）被法國藝術史學家委員會選為法國最具歷史意義的畫作之一，是布耳瓦（Blois）一座城堡美術博物館的鎮館明星。布耳瓦位於羅亞爾河（Loire River）畔，瑪德蓮從巴黎被送到那裡養病，希望暖和的天氣能夠讓她把病養好。這幅肖像只有賀卡大小，但裝裱是雙層的，外框非常大，內框木頭上鍍金，嵌在巨大的外框裡。

這件作品在博物館的入口展廳展出，這是整棟建築裡最擁擠的地方。7月末的一個傍晚，遊客熙熙攘攘，警衛四處走動，看來無何異常之處。無人奔跑，無人手持武器或工具，也無人攜帶形狀可疑的包裹。窗戶都閉鎖，側門未被撬開。沒有不尋常令人分心的地方，沒有騷動。

然而〈法蘭西的瑪德蓮〉上一秒還在那裡,下一秒就不見了。大外框仍在原處,但突然之間——令人震驚、令人不解——畫框中間就出現了一個洞。這幅私人捐贈的畫相安無事地掛在博物館長達138年,開放給社會公眾欣賞,然而轉眼就像肥皂泡泡一樣,消失在空氣中。

這就是達蒂斯的問題——沒有有力的線索可以掌握,沒有清晰的圖像或罪犯的姓名暗示。他只有直覺的預感。這個節骨眼上,任何宣傳都對小偷有利,反倒對辦案壞事,損傷他安全找回藝術品的機會。達蒂斯別無選擇,只能暗中調查,只動用法國偵查藝術犯罪的警力。他不知道馮德莫爾這一方也在努力。儘管如此,陷阱還是設置好了。瑞士和法國的警探,即使彼此素不相識,都在處理此案;兩國每發生一起新的藝術品盜竊案,都會嚴加調查,看看是否有新證據出現。

是有幾樣。1996年,瑞士巴塞爾歷史博物館(Historical Museum of Basel)丟了一把17世紀的小提琴,目擊者看見一男一女團隊曾在現場出沒。1997年,在法國聖特(Saintes)的一家博物館裡,一幅法蘭德斯靜物畫從畫框上人間蒸發,現場有人看見一對男女。在南特(Nantes)的一間博物館,一件野豬青銅雕像失竊,也有人曾經看見一對年輕男女。還有在文棟(Vendôme)、奧略昂(Orléans)和拜約勒(Bailleul)等地——也出現太多的類似目擊事件,法國地方警力特別成立了一個單位獨立調查。

在兩個法國和一個瑞士警察專案小組調查之下，破案只是時間遲早問題。無人能夠長期逍遙法外，運氣總有用盡的時候，這對情侶終會落網。

布萊特韋澤知道將〈瑪德蓮〉據為己有似乎不太可能。沒有理由不這麼想。當布萊特韋澤和安娜—凱瑟琳參觀布耳瓦皇家城堡博物館，看到畫像陳列位置時，兩人都有同感——警衛太多，遊客也太多。這幅畫布萊特韋澤垂涎已久，但他們也同樣認為要偷到手是妄想。於是他們繼續往其他房間走去，但要不了多久，就如往常一樣，布萊特韋澤說服安娜—凱瑟琳，在他們離開之前，再看一眼。這幅畫的魔力他揮之不去。

他們開了那麼老遠的路來一識盧山真面目——安娜—凱瑟琳沒有駕照，布萊特韋澤在開車穿越了半個法國，不管速限，開了一整天，來到羅亞爾河谷。幾世紀以來這裡一直是法國貴族的遊樂場；蜿蜒的河流兩旁葡萄園和城堡星羅棋布，風景有如童話一般。在城堡關門前不久，他們回到〈瑪德蓮〉陳列所在的布耳瓦城堡，1429年聖女貞德（Joan of Arc）曾經神祕流浪到此，在此住過。

展間裡訪客和警衛依然充斥——典型的麻煩。但他們也發現一些新問題，比如雙框；內框部分和繪畫是否結結實實地附著在外框？不將手放在上面，他無從判定。此外，此時

正值夏天,太熱了,他無法穿大衣——太引人側目了。他穿的是短袖襯衫,沒背背包。內框每邊不到30公分,他懷疑是否有時間將其移除。而即使是這樣的尺寸也是挑戰。就算真的取下這幅畫像,他又要把它放在哪兒?

他沒有時間思考這些問題——他只能衝動行事;一群警衛剛剛集結,好像是開臨時會議,可能是要分派關門時各自的工作。顯然,他們集合的時間不會長,但此刻,警衛都彼此正視對方,沒有人的目光放在〈瑪德蓮〉上頭。而同時,川流不息的遊客突然出現了一陣短暫的平靜——凱瑟琳示意:可以下手。

他用力一拉,發現內框只有幾條魔鬼氈固定。撕去魔鬼氈的聲音在偌大的房間裡消散了;一瞬間,畫就鬆動了。他毫不猶豫地將它塞進了褲子的前腰;畫仍在框裡,垂在外面。他腰間看起來鼓起而突兀,但此時若有任何警衛抬頭看一眼,他們只會看見布萊特韋澤的背部,因為他立即就轉過身去。然後,他快步在展廳的瓷磚地板上移動,走出展廳的房門。

像這樣的犯罪,有如此多的變數,容不下任何差池,似乎會令人害怕得受不了,但布萊特韋澤堅持認為不是如此。他說,偷走〈瑪德蓮〉就像引線穿針一樣——只要把一隻手穩定地將線穿過細小的針口就成。他和安娜——凱瑟琳保持著每月3次的偷竊速度,偷盜幾乎不下1百次,如今早已身經百戰、駕輕就熟。〈瑪德蓮〉是法國首屈一指的畫作之一,若

115 | 藝術大盜 | The Art Thief

是其他藝術犯罪團體，偷這幅畫要經過周延的計畫，也會是其職業生涯的最高成就，但對於布萊特韋澤和安娜—凱瑟琳，這還不是他們當天唯一一次的犯案。

在發現〈瑪德蓮〉之前，他們已經打劫過香波城堡（Château de Chambord）。香波城堡是一座16世紀的宮殿，是全球遊客來訪量最大的城堡之一，1971年完工的佛羅里達州迪士尼世界的灰姑娘城堡（Cinderella Castle of Disney World）就以它為原型。在香波城堡，博物館的陳列櫃也是古董，配合城堡的裝飾。布萊特韋澤的瑞士萬用刀技巧可以派上用場。

他把一片刀尖塞在展示櫃的滑動門板下面——老櫃子這裡通常會有點鬆動——然後他將刀當作一把小鐵撬來用，小心翼翼地將門從底部滑軌上撬開。撬開後，即使櫃子還是鎖著的，櫃門卻像郵箱蓋一般鬆掛。他小心翼翼將手伸了進去，撈起一把折扇和兩個菸盒；之後，他重新安排其餘的展品，再扣回門蓋。事過境遷之後，他開了20分鐘的路，在另外一個場域下再度出手，偷走了〈瑪德蓮〉。

布萊特韋澤和安娜─凱瑟琳知道警察正在追緝他們。關於他們犯罪的報導偶爾會提到目擊者;不像達蒂斯的聯邦查緝藝術犯罪單位,地方警力沒接到不能走漏消息的通令,因此這對年輕人知道他們是否被人看見動手偷竊,以及目擊者的描述是否正確。

若干報紙引述執法人員的話說,一定有一個國際走私網在有系統地竊取藝術品──也許是義大利黑手黨,也可能是俄羅斯黑幫。對此,布萊特韋澤說:「好笑!」他還不滿30歲。他取畫丟框的習慣方便他犯罪,他從報上報導得知,這也嘲弄了當局。他開始在博物館把畫框留在一把扶手椅上,或是留在窗簾後面,留在另一個展覽裡,這些手法好像都是在嘲笑當局。「這是我的名片,」他說。布萊特韋澤總是說不以竊取為樂,但這種做法似乎就是炫耀。

兩人注意到一輛警車在他們家附近的街道盤旋,布萊特韋澤說他和安娜─凱瑟琳有一絲恐慌。怎麼可能不恐慌呢?他們犯下這麼多案子。不過警車沒有停下來;布萊特韋澤認為,所有警探都犯了相同的致命缺陷:他們始終都在追尋犯案背後的邏輯,因此愚弄他們也很

容易。」布萊特韋澤從研究藝術犯罪中瞭解到，警方的邏輯是：在一件作品被盜之後竊賊只會從事三種選擇。

第一：將竊取物賣給不正派的收藏家或交易商。奸商無處不在——奧斯陸大學的一項研究紀錄裡載有43國的非法藝術品或古董交易。被盜作品的交易價格是現行零售價的3%到10%；作品越出名，數字就越往低走。在3%的情況下，一件價值1百萬美元的物品會以3萬成交；考慮到風險，這似乎並不值得。若干藝術品會透過當鋪、古董店和藝廊促成銷售，從而製造帳單與真品證明書，一起飄洋過海到外國。這是一個長達數年的金蟬脫殼遊戲，往往再透過小型拍賣，讓作品重新進入合法市場。

第二：向苦主博物館、私人擁有者或其保險公司勒索贖金，這種過程叫做「藝術綁架」（Art-napping）。這最適合那些無法銷贓的可識別作品，需要一個能在合法與非法地界之間穿針引線的掮客。合法與非法之間其實相距不遠，但在道德上屬危險交叉。在許多地方，支付贖金是被禁止的，因爲可能會鼓勵進一步的犯罪，因此這種交易經常被貼上語義模糊的「資訊獎勵」標籤。這種獎勵至少在1688年就開始實行，當時愛德華·洛伊德（Edward Lloyd）在《倫敦公報》（The London Gazette）上刊登了一則廣告，爲懸賞5塊懷錶提供了1畿尼（guinea）的賞金（約合1.5美元）。洛伊德後來創立了倫敦洛伊德保險社（Lloyd's of London），在全球提供藝術品保險。

第三：把偷來的藝術品像貨幣一樣用在黑社會。一幅可放在資料夾的貴重畫作——也是竊賊最常偷走的尺寸，在小空間裡就代表一大筆錢；與裝滿現金的手提箱相比，藝術品可以更輕鬆地跨越機場和邊境。俄羅斯情報人員單在俄羅斯就偵破40多個有組織犯罪集團接受藝術品為抵押物。1999年，一幅畢卡索畫作被人從沙烏地阿拉伯王子的遊艇上順手牽羊，結果追蹤到10個黑社會藏家，一路帶動多起武器和毒品的交易。

這三種策略──銷贓、勒索、貨幣化，都涉及藝術品的易手。交換與易手，也是執法部門想要介入行動的弱點。查明精確的轉移過程，是查緝藝術犯罪警力的主要任務。與其他員警偵辦的案件不同，處理藝術品犯罪的優先項目是追回物品，而不是逮捕罪嫌。達蒂斯說：「跟林布蘭相比，一個粗俗的竊賊有什麼價值？」

警探、特勤人員培養黑社會關係、竊聽電話，在交叉檢查被盜藝術品資料庫的同時，也插手拍賣清單的物品。倫敦的藝術品遺失登記冊（Art Loss Register）是全球收羅最廣的庫存之一，其中超過50萬件，而且總數每天都在增長，證明很多藝術品遺失、找回的卻不多。總體而言，查緝藝術品的警探承認，只有不到10%的藝術品被找回；全面偵破、抓住小偷、追回藝術品，粗略估計是50%，若干追緝藝術犯罪部門更聲稱十中有九。為了追回名品，頂級警探偶爾也會臥底。

1994年挪威冬季奧運會開幕日黎明時分，兩名男子在奧斯陸國家美術館的外牆上架

上一把梯子,打破了二樓的一扇窗戶闖入。警報立即響起,但一名警衛認為是故障,沒事,只是重新設定了警報。這兩名男子剪斷了固定愛德華·孟克(Edvard Munch)的〈吶喊〉(*The Scream*)的掛繩,迅速離去。他們留下了梯子、鋼絲鉗和一張紙條,上面用挪語寫著:「謝謝你的安全防護不力。」挪威沒有藝術犯罪打擊小組,但一位藝術品追緝巨匠,英國藝術和古董部門的查理·希爾(Charley Hill),應挪威當局之邀,加入了追捕行動。

希爾化身成一個劇中人——一個快言快語、滿嘴髒話、沒有道德的交易商。希爾說,臥底工作就像演戲一樣,只不過不小心說錯一句臺詞就可能招來殺身之禍,這樣反而容易因此送命。他喜歡衣著華麗,也有張印著他化名的美國運通卡。在3個月的時間裡,希爾開始與挪威竊賊接觸,獲得他們的信任,用現金誘騙他們。在一間俯瞰峽灣的偏僻小屋裡,他找到〈吶喊〉,4名同謀落網。

不在大多數藝術品竊賊計畫中的一個選項是:把偷來的作品掛在牆上欣賞。美學修養,在虛構小說或電影中,是藝術竊賊的本質精髓,但對於偵查藝術犯罪警探來說,這些想像是一個大笑話。追捕布萊特韋澤的瑞士警探馮德莫爾用詹姆斯·龐德(James Bond)007電影《第七號情報員》主題曲的輕快音樂為手機鈴聲,他說,這是他對第一部龐德電影(*Dr. No*)的玩笑致敬;在這部電影中,賊窩裡到處都是藝術品,包括法蘭西斯科·哥雅(Francisco Goya)的肖像畫〈威靈頓公爵〉(*The Duke of Wellington*)。

藝術大盜 | The Art Thief | 120

由史恩・康納萊（Sean Connery）主演的《第七號情報員》於1962年上演；那之前的一年，哥雅的畫作從倫敦國家美術館被盜，詹姆斯・龐德的電影製片人將這幅當時仍然下落不明的畫作作為噱頭，放進電影裡。真正的小偷是一名身材魁梧的失業計程車司機，他晚上從國家美術館的一扇窗戶爬進去偷畫。到手後，他將〈威靈頓公爵〉藏在床底下，用牛皮紙包裹著，想要用這件作品換取任何形式的報酬，這件事他似乎連妻子也沒提起。4年後，他死了心，自首交出名畫，一文也沒得到。

找回〈吶喊〉的希爾說，笨拙的哥雅賊代表了大多數藝術品竊賊。「沒有第七號情報員這回事，」似乎是每位追緝藝術品警探的口頭禪。「幾乎從來沒有一個罪犯了解或關心藝術，」反藝術犯罪研究協會的創始人諾亞・查尼（Noah Charney）博士這麼說。追緝的小偷是為了樂趣、非為錢財而偷竊藝術品，對馮德莫爾和達蒂斯等警探來說，是天方夜譚。

布萊特韋澤對有利於他的機率沾沾自喜，同時也試圖透過盡可能不規律地偷竊來進一步迷惑警方。他和安娜—凱瑟琳從一個城市到另一個村莊、從一個村莊到另一個城鎮，在博物館、拍賣會和藝術博覽會之間切換，偷走銀器、雕刻或繪畫，遊走於法國、瑞士、德國、奧地利和荷蘭之間；布萊特韋澤認為當局根本抓不到他們。

在他早期行竊的日子裡，布萊特韋澤縱橫博物館，四處翻找；從中世紀到現代主義的興起，縱深千年。他也只取對他有誘惑力的東西，不過某些情況——尤其是對兵器，任何時期、形狀、性質的青銅器，以及千年光譜兩端的物件——他最初的慾望漸漸消退了，就像許多暗通款曲的幽會，未能進展到愛情成熟的階段。

隨著閣樓日益光彩，他和安娜——凱瑟琳經常慵懶在床上，要點出特定作品中吸引他們的元素，內容類似他與梅希勒在裝裱店的抽象討論。他的圖書研究也更加磨練了他的官能，他知道自己心之所愛——16、17世紀的北歐作品，現在他偷盜每一件東西，似乎都能完成穩定地投入。

我們能盤點他的品味嗎？不盡然。藝術為什麼存在，一直到最近才有人能夠充分的詮釋。藝術似乎與查理斯．達爾文（Charles Darwin）的物競天擇理論相矛盾，物競天擇論主張只有藉由消除低效率和浪費，才能在充滿敵意的星球上生存，而藝術創作耗費時間、精力和資源，卻不提供我們食物、衣服或容身之處。

藝術大盜｜The Art Thief｜122

然而，藝術存在於地球上的每一種文化中；風格各不相同，但整體所揭示的，非語言所能形容。事實上，藝術可能具有物競天擇的基礎，也許是爲了吸引配偶，儘管許多藝術理論家目前認爲，藝術無處不在的原因是人類已經克服大自然的選擇。藝術是幾乎沒有生存壓力的結果，是閒暇時間的產物。我們的大腦，宇宙中已知最複雜的想像力的工具，已經從必須時時刻刻躲避捕食者，從尋求食物時保持警惕中解放出來，讓我們的想像力奔放，去探索、在醒時做夢，也看見造物主所見。藝術標誌著我們的自由。它之所以存在，是因爲我們贏得了進化戰爭。

社會學家曾進行全球調查，顯示出藝術普遍受到愛好。我們喜歡有樹木、水和動物的風景。全球最受歡迎的顏色是藍色，世人不喜鋸齒狀的形狀和橙色。然而，事實上我們只能看到物體無法順暢吸收、只能拒絕與反射的光波長，這就是顏色。黃色其實是香蕉反射出的最不和諧色調。我們也看到一切都顛倒過來，我們的大腦使用大量的能量來重建世界。我們的文化背景也造成我們受何種事物的吸引——波斯地毯、中國書法、蘇丹的棕櫚葉編籃等等。除了這些社會指標之外，一件藝術品有沒有吸引力，跟你是誰的本質有關。美，在於觀者的感受。

或者也許不是這樣。2011年，倫敦大學學院（University College London）神經科學教授塞米爾・澤基（Semir Zeki）使用核磁共振掃描儀追蹤志願者在小螢幕上觀看藝術作品

時大腦中的神經活動。澤基發現審美反應的確切位置——眼睛後方豌豆大小的額葉。美，並不詩意，卻很精確，存在於觀者的內側眼眶額葉皮質中。

布萊特韋澤陶醉在亞麻子軋製的油畫顏料的半透明屬性散發出光輝。在文藝復興時期，北歐大抵改用油畫顏料，而佛羅倫斯等南歐地區則堅持使用蛋彩畫——蛋黃被用來當作顏料的黏合劑，產生出比較柔暗的低飽和色調。除了色彩之外，布萊特韋澤偷來的許多畫作，尤其是鄉村生活的地方風俗場景，似乎都喚起了一種解放的感覺。布萊特韋澤被個人主義時代迷住了——當時的歐洲藝術家走出教會控制，開始決定自己的意象和風格。藝術，也首次簽上藝術家的姓名。

竊盜青睞的畢卡索作品，布萊特韋澤不感興趣。現代藝術，他絲毫不動心。與其說創造出來去給人感覺、感動，不如說是藝術被拆解、解剖。一些文藝復興時期的超級巨星，如提香（Titian）、波提切利（Botticelli），甚至達文西的作品，都「令人欽佩」或「令人折服」，布萊特韋澤承認，但只到此而已。布萊特韋澤說，他可以察覺到這些畫家對富有的雇主唯唯諾諾，因為後者可以決定作品的風格、構圖和顏色。布萊特韋澤說，他感覺大師的才華有時只是冰上溜冰，感觸沒有完全呈現出來，這就毀了這一切。他說，他的目光被那些天賦稍次的藝術家所吸引，他們表現出更深層次的真誠情感。

此外，這些作品可能比重量級作品更易手到擒來，而這就是一個決定因素。布萊特韋

藝術大盜　The Art Thief　124

澤常偷竊被稱為「櫥櫃畫」的小型作品，因為它們可以隱藏在他的夾克下，適合放在閣樓裡。在文藝復興時期，街頭上常有櫥櫃畫販售，為新興中產階級的住宅量身打造。這些作品往往喚起一種世間善的感覺，而這種情感在為瑣事增華、巨大浮誇的貴族畫中是不存在的。

至於布萊特韋澤偷走的菸盒、酒杯和居家用品，這些功能性的美器大多數是在19世紀初歐洲工業革命前不久製造的。在此之前，每件器物的每一部分都是手工製作，費力費時地精雕細琢。發動機、電力和大規模生產讓人生活更為便捷，但布萊特韋澤說，這些進步反使世界越來越醜陋。專業知識曾經是師徒相授、代代相傳，創意逐步累積；現在，工廠吞吐出廉價、一模一樣、用過就丟的玩意。他偷來據為己有的作品是這接管之前的時代標誌著人類文明的巔峰、美麗與技巧的極致。布萊特韋澤感覺，機器一類。時間無情地向前推進，布萊特韋澤衷心希望，他的郊區小閣樓是個例外。

1997年初，當安娜—凱瑟琳的寒假臨近時，她和布萊特韋澤在將近2年的時間裡，每4個週末就有3個週末出去伺機行竊。在幾間博物館裡，他們一次偷盜多件作品，而這個頻率還不包括布萊特韋澤的單獨作案——每個月另外下手1、2次。此時閣樓上已陳列約2百件作品。

布萊特韋澤覺得他們的感情歷久彌堅。陽光明媚的日子，有時會穿著兩人一起購買的同款漁夫毛衣情侶裝，在外面漫步。布萊特韋澤笑著說：「就像雙胞胎。」在長途駕駛中，安娜—凱瑟琳經常把頭靠在他的肩膀上打盹，車程時間就感覺不到了。如今兩人在一起已經5年多了。

認識安娜—凱瑟琳的人說，安娜—凱瑟琳對這段感情就不那麼一派樂觀。情侶，但邦妮和克萊德鴛鴦大盜帶給她刺激已經夠了。

儘管從報紙報導中得知當局正在四處打探，至今警察還沒上門。安娜—凱瑟琳6個月前上一次放假時，時間全花在諾曼第（Normandy）作案。那裡的地方報紙《西法蘭西報》

（Ouest-France）刊出大字標題「突襲博物館！」，刊登了幾件失蹤作品的照片。她懼從中來；他們縮短了行程，倉皇回家。

布萊特韋澤說，安娜—凱瑟琳即將到來的假期似乎是向警方聲東擊西的好時機，而不是畫休止符；他從來就不想休息，而是要去更遠的地方探索。他覺得即使在邊境開放的歐盟，警察也不是那麼善於分享資訊，可能語言障礙會拖慢速度吧！當這對情侶在一個國家的膽量到了臨界點——通常是到了安娜—凱瑟琳的安全門檻時，他們就會暫時換個國家。

從他們在法國的閣樓出發，有10幾個國家開車不到一天就到了。

布萊特韋澤查閱他的旅行摺頁和指南，掃視著自己的心頭清單，做出週末去比利時的結論。他從未在比利時下手過。他們可以觀察那裡的現場安全，也許兩週後安娜—凱瑟琳放假時再回來停留更長時間。1997年1月的一個星期六黎明，他們出發了。

如果閣樓裡的2百件藝術品還不夠，什麼是夠？德國精神分析學家維納·孟斯特伯格（Werner Muensterberger）著有《收藏：無羈的狂熱》（Collecting: An Unruly Passion），是探討衝動型收藏家的權威教科書。2011年去世的孟斯特伯格擁有3個博士學位——醫學、人類學、藝術史，他說，不同於臥室架上擺了一堆雜亂的玻璃雪球，不健康的收藏霸占了一個人的生活，在易患憂鬱症的人、往往感覺自己與社會格格不入的人身上最常見。孟斯特伯格寫到，一個有意義的收藏為這些社會棄兒、邊緣人等，「提供了一個神奇的逃生之

路、領他們進入一個遙遠而私密的世界」，而收藏家類乎原始人節奏的狩獵和採集循環，經常是唯一讓他們感到生活有價值的活動。

愛琳‧湯普森（Erin Thompson）是紐約市約翰‧傑伊刑事司法學院（John Jay College of Criminal Justice）的教授，也是美國唯一全職研究藝術犯罪的教授。湯普森在她2016年出版的《占有》（Possession）一書中寫到，少數靠偷竊的收藏家通常認為，他們對一件作品的情感依戀比博物館或合法擁有者更深，他們不會因為拿走它而感到不道德。湯普森說，對於犯罪型收藏家來說，在博物館參觀想要的作品是無法接受的，因為他們被剝奪了「觸摸的樂趣」，他們被否定接觸過去。

孟斯特伯格警告說：「所有真正的收藏家都有一個共同的特徵，他們根本沒有所謂的飽和點；有了還要有，這種渴望永無止境。」根據孟斯特伯格的說法，像布萊特韋澤這樣的人永遠不會覺得自己有的已經夠多了。腦科學家對此表示贊同。史丹福大學（Stanford University）的神經科學家已經表示，過度性收藏可能是由神經化學物質失衡引起的，進而產生一種衝動與控制之間的失調，擋不住的、甚至造成犯罪型收藏者的出現。研究人員發現，令人陶醉的大腦化學物質在追逐過程中達到頂峰，而不是追到手時。當追逐帶來的快感勝過寶藏時，就不會想停下追逐。這種說法有助於解釋藏家收集成癮、無休無止的本質。

不過布萊特韋澤從未接受過測試，他的大腦狀態無法定論。

藝術大盜 ｜ The Art Thief ｜ 128

那麼，又是什麼阻止了不可阻擋？錯誤、霉運、警察。布萊特韋澤一直很走運，屢次化險為夷，從未因錯誤而嚐到苦頭。早期在瑞士的一次盜竊中，他腰上的皮爾卡登大皮帶扣脫落，砰的一聲落在地板上，那一時刻，他正要把一幅油畫塞進褲子裡。當時附近也有一名警衛，警衛只消立即看上一眼，就會壞了他的事，但這名警衛一眼也沒回顧。自此之後，布萊特韋澤的皮帶上再也沒有戴過大扣環。

這對情侶的首次比利時行，目的地是首都布魯塞爾。他們開了6個小時，在二線公路上蜿蜒曲折，一次高速公路通行費也不用付。他們的旅行預算很緊，大約一天1百美元──一人負擔一半，開歐洲高速公路很容易就花掉他們的大部分資金。布萊特韋澤說，即使負擔得起，他們也不會掏這個腰包；高速公路推平了土地，把錢撥用在獎勵醜陋上。偏僻的鄉鎮道路融入了風景，他們放下車窗，吸納景色、農田與角落的麵包房。有時他們不得不收起後視鏡，才能駛過古老狹窄的村莊小巷。

他們提早出發，希望可以在午餐時間到達布魯塞爾。停在哪裡對布萊特韋澤來說並不重要，博物館附近的任何地方都可停。他們不是那種作案後就立刻衝出犯案地點，有逃逸車輛接應的小偷。

他們在博物館重鎮之一歐洲藝術與歷史博物館（Art & History Museum）找到了停車位。

這間博物館位於一座新古典主義建築中，建築有大理石石柱和宏偉的圓形大廳，是比利時

的羅浮宮。布萊特韋澤從不在巴黎的羅浮宮下手──安娜─凱瑟琳說風險太大了，禁止他這樣做。但布魯塞爾這間龐大的國家博物館，是可以讓他們施展拳腳最像羅浮宮的博物館。布萊特韋澤說，是在這裡，他開始了一場他從未有過的完美犯罪行動。

最先引起他注意的是展示櫃，從而引發了整樁強盜行動。其實展示櫃中沒有他喜歡的藝術品，中世紀藝術品有時讓他感到充滿了是非對錯的評斷和宗教上的崇拜意味。他和安娜—凱瑟琳一起走向布魯塞爾廣闊的藝術歷史博物館文藝復興時期展廳時，吸引他目光的是展示櫃中的陳列方式。

看來好像最近已經有人先他一步動手，而且顯然草草完事，連重新排列所剩物件、讓展示品對經過的執勤警衛看起來像正常一般，都懶得做。他俯下身子去讀卡片上的註記，上面一張索引卡被折成兩半，像個小帳篷般放在展件之中。他意識到沒有任何東西被盜，伸手拿出他的瑞士刀。他的法文說：物品移除從事研究用途。

看了幾個展間之後，又有一個展示櫃抓住了他的注意力，裡頭是他「個人藝術媒介喜好排名」名單上排名第二的材料，閃閃發光。他最愛的是油畫顏料，銀子排名第二，只是更喜歡的是特定的某一種。16世紀末，德國南部奧格斯堡（Augsburg）和紐倫堡（Nuremberg）等簡樸的新教市鎮一帶，銀器大師之間顯然有一場激烈的競爭，爭奇鬥豔，

看看誰能做出登峰造極的華麗作品。每幾十年就會出現一次的新設計，也拉升了賭注。當時最夯的是法貝熱彩蛋（Fabergé egg），深得歐洲王室垂青，也是現在所有銀器中價值最高的。

一個大展示櫃裡放了10幾個這類寶物——聖杯、高腳杯和杯體布滿惡龍、天使與魔鬼裝飾的大啤酒杯。在展品的中央的一個高架上，放著一艘精美的戰艦，可能的用途是當作宴會餐桌的中心擺飾；銀帆高揚，銀兵在銀甲板上發射銀色大炮。展示櫃裡的每一件作品都美得驚心動魄，非常適合放在自己的閣樓。

房間裡有一臺監視器，他判斷鏡頭涵蓋不到這個展示櫃，但他必須小心自己走動的範圍。警衛巡邏之間有空檔，他有時間動手。挑戰在於展示櫃本身。他慣用的伎倆——移動展示櫃的外殼、切割黏合的矽利康，都弄不出夠大的間隙讓他五鬼搬運。他需要將櫃門全打開，但是櫃門用現代鎖栓住了，撬不開。

布萊特韋澤最近曾在法國大型五金連鎖店拉佩爾（Lapeyre）打工，被隨機分派到門鎖部門。他在門鎖部門得知很大一部分門鎖安裝不當，包括眼前的這個展示櫃上的鎖。他把瑞士刀抵在鎖的一端，用手掌猛敲另一端；霎那間，整個圓柱鎖從凹槽彈出，滾落到展示櫃，櫃門上露出一個乾淨的鑽孔。

大賞就是那件銀製軍艦，但它既大，又離出口遠。最好把重點放在飲器上。當時的銀

匠大賽恰逢歐洲海上探險時代，對他來說，最美得令他目眩神移的，是那些帶有新鮮感奇觀元素的作品，例如鴕鳥蛋或椰子殼飾銀物件；美中之美的是葡萄美酒從鸚鵡螺殼中流出的銀聖杯——人類的想像力匹配天然的幾何之美。布萊特韋澤示意在門口把風的安娜─凱瑟琳過來，兩人一起凝視展示櫃，他說，他無法決定兩件鸚鵡螺作品中，哪一件要帶回家。

安娜─凱瑟琳說：「兩個都拿。」她把自己的提包遞給他。銀，在她的熱愛清單上也名列前茅；對這些巨匠的傑作，她放寬了她把關的尺寸限制。布萊特韋澤將一只鸚鵡螺銀質鍍金聖杯推進她的袋子，另一只移到了他的夾克之下；還有放置的空間，於是他再拿了一個椰殼啤酒杯。他從口袋裡掏出他從最初的展示櫃裡偷來的唯一物品──「物品移除從事研究用途」的卡片紙，把牌子放在剩下的銀器中間，把櫃門關上，將從展示櫃撬下的鎖重新插入槽中。

他們走到停放的汽車時，他注意到自己忘記了椰殼銀質啤酒杯的杯蓋。他暗罵了一聲「媽的」。少掉的部分或是修復的痕跡，是他最不能忍受的。他們的藏品必須是完全原創、完好如初。安娜─凱瑟琳知道少一丟二，她的男友就永遠無法盡情享受這套住椰殼的銀杯，即使剛剛從博物館倉皇而出，仍無礙下一步。她摘下一隻耳環，往回走。安娜─凱瑟琳在入口處對一名警衛說她丟了一隻耳環，感覺自己知道遺失在哪兒。警衛讓他們再次進入，

他們回到原來的展示櫃，拿起杯蓋；既然都回來了，又再順手帶走兩個高腳銀杯。

在隨興開車返回法國的途中，他心生一計：他們兩人可以是「變色龍」，不需太多改變就能與眾不同。在接下來的2週裡，他不刮鬍子、安娜─凱瑟琳改變髮型。她假期開始那天，布萊特韋澤又開了6個小時的車，從法國經德國、盧森堡，到了比利時。兩人都戴上了一副圓框眼鏡和無度數鏡片，二度進入藝術歷史博物館。

「物品移除」的卡片仍在原處。折彎的索引卡，是他用過最有效的藝術品盜竊工具。布萊特韋澤信心滿滿，拿起軍艦。他對它始終念念不忘。它的大小如慶生的氣球一般大小，也幾乎同樣輕巧，安妥地進了安娜─凱瑟琳的提包。提包看起來鼓鼓的。布萊特韋澤順手再拿了一個60公分高的聖杯，把它塞進外套的左袖裡；他走起路來有些不自然，手臂擺動像士兵一樣僵硬。

往出口的路上，他們被一名警衛攔住。即使是完美的犯罪也會有危機時刻，能不能保持「完美」，要看回應。警衛說他沒注意到他們什麼時候進入博物館，要求查看他們的門票。安娜─凱瑟琳的票在提包底部，布萊特韋澤的票放在他上衣的左口袋裡，但袖裡藏著銀器，他不方便使用左臂，於是用右手笨拙地伸過身體、掏出票來。

布萊特韋澤感覺大禍臨頭。他直視守衛的眼睛，力持鎮定地說：「我們正要去博物館的咖啡廳吃午飯。」立時也知道自己說對了。警衛的懷疑化解了⋯罪犯不會停下搶劫去吃

飯。他們在博物館用餐；整個過程安娜－凱瑟琳的包包都鼓鼓囊囊，布萊特韋澤的胳膊一直僵硬地挺著。

他們花了將近40美金在布魯塞爾機場附近租了一間配備基本的陽春房間，住進他們首選的經濟型連鎖店一級方程式（Formule 1）酒店，在床邊櫃上，他們放下聖杯和軍艦。布萊特韋澤有銀行帳戶，但沒有支票簿或信用卡；這樣，他的行動就不易追蹤。他們打算以現金支付所有費用；若是需要卡來支付押金，就用安娜－凱瑟琳的。路上打尖吃飯，都是在容易吃飽、便宜的地方，最常去的是披薩店。睡前，布萊特韋澤打了一通電話。這位名無疑為全球之首的藝術大盜每晚都必須打電話給媽媽報平安；若是不打，母親會掛心。他會告訴他途中經歷，只瞞去行竊那一部分。

隔天，以及大後天，他們避開博物館，去了電影院看電影。布萊特韋澤不喜歡電視，幾乎不看，但電影能夠讓他躲開自己的腦袋，轉移思緒。他與安娜－凱瑟琳坐在黑暗的電影院裡，那一類電影都無關緊要；他對電影也不挑剔。他後來曾說自己最喜歡的打劫藝術的電影是皮爾斯・布洛斯南（Pierce Brosnan）主演的《天羅地網》(The Thomas Crown Affair)。

休息兩天後，他們又稍加喬裝；安娜－凱瑟琳在酒店房間的水槽裡染髮、布萊特韋澤頭戴棒球帽，丟掉平光眼鏡。他們第三度進入藝術史博物館，帶走更多的銀器。在不到3

週的時間裡，他們從同一座博物館總共掠奪了11件器物。放著「物品移除」說明卡的展示櫃幾乎為之一空。他欣喜若狂到一個地步，在回家的路上感覺自己就像世界之王，不能自已。路上經過一家古董店，窗裡擺放著一個巨大的金銀甕，他停了下來。

安娜—凱瑟琳在門口附近等候，布萊特韋澤進入商店。商家在樓梯上喊道馬上下來，但當他下樓時，人已經不見蹤影，甕也不翼而飛。他們回到法國，偷到飄飄然快樂似神仙，為了好玩，安娜—凱瑟琳還打電話給商店，問櫥窗裡的那只17世紀的甕要多少錢，店家說大約10萬美元，說：「太太，妳一定要親自看看。」店家還沒發現它已經不見了。

在劫銀大豐收4個月後，他們在瑞士阿爾卑斯山的中世紀城市琉森（Lucerne）遊覽時，在一家私人藝術畫廊停留。他們很少在商業畫廊下手，安娜—凱瑟琳也示意現在不是嘗試的時候，理由是：畫廊很小，也沒有其他訪客，而且有兩名員工值班。她提醒說：「什麼都別動；感覺不對勁。」

她的勸告是明智的，他也心知肚明。那天天氣炎熱，布萊特韋澤沒有穿外套；畫廊對面就是琉森市中心警局。他們兩人對在警局附近下手偷竊倒是沒有特殊規定，但這似乎不是好兆頭。

然而，荷蘭天才畫家威廉·范阿爾斯特（Willem van Aelst）一幅散發光芒的靜物畫正在展出，畫沒有任何防範和保護，彷彿在乞求帶走它。閣樓上少了范阿爾斯特的作品，他的世界就不完整。危險似乎是可以控制的：員工沒那麼聚精會神，門只有幾步之遙；畫框不必拆卸，夾克外套不是必要的。

他輕聲對安娜—凱瑟琳說：「相信我。我知道怎麼做，我愛妳。」他親啄了她的嘴唇一

下，把心儀的畫從牆上取下來，像夾法式長棍麵包一樣夾在胳膊下，然後步出畫廊，沒什麼好擔心的。走了大約20步，突然一隻手從後面粗暴地抓住他的肩膀，扭過他的身子；他與畫廊的一名員工打了照面。

那人問道：「你想對那幅畫做什麼？」

布萊特韋澤目瞪口呆，只能結結巴巴地胡亂找藉口搪塞。他記不清自己到底說了什麼，但他清楚記得對方的回答：「騙子！我送你去警察局。」畫廊員工緊抓著他不放。

安娜—凱瑟琳這時大可開溜，但她留在原處為男友求情，要不布萊特韋澤也可能會掙脫束縛。但天不從人願，他們都被活逮了，被押解到警察局旁棟的拘留室。

若不是離警察局那麼近，他們也許可以找各種理由為自己開脫，被關在地下室的牢房裡，布萊特韋澤感覺自己好像被關在水牢裡，幾乎無法呼吸。他應該聽安娜—凱瑟琳的話，而事到如今，他愚蠢出手，不忍卒睹像個小丑，痛苦不堪。當局會搜查母親的家，警察可能已經在路上了。這一天是1997年5月28日，他還不到26歲，而人生就此結束了。夜幕悲慘降臨。

翌日清晨，他被押上囚車，銬在椅子上，送往法院。安娜—凱瑟琳也上了囚車，關在她自己的囚籠裡。他們能夠偷偷彼此說幾句話。他得知女友沒有提到其他盜竊案，他們的閣

他低聲對她說：「我們必須在一件事上說法一致；我們就這麼一次拿人家的東西。」她點點頭，表示理解。

在法庭上，在法官面前，布萊特韋澤含淚提供了不實的供詞。他深感抱歉，再也不會重蹈覆轍，希望可以贖罪。

法院似乎採信了他的話。他們倆在瑞士都沒有前科，也沒有警察想過要諮詢地方上查緝藝術犯罪的警探。馮德莫爾後來說他並不感到驚訝；有些警察根本不知道他們的存在。法庭下次聽證會將決定如何懲處安娜—凱瑟琳和布萊特韋澤，他們在支付保釋金後開釋。

警方已經打電話給布萊特韋澤的母親，說她的兒子偷竊藝術品被捕。史滕格爾不能再揚言對兒子的行為一無所知，儘管她和安娜—凱瑟琳一樣，沒有透露其他盜竊行為。史滕格爾付了保釋金。布萊特韋澤說，他們開車回家，一路驚魂難定。

史滕格爾一生縱容兒子：他小時候順手牽羊被逮到過，也曾與警察激烈爭吵而兩次被捕；兒子和他女友住她的房子，她從沒收過租金。然而，他居然在琉森被關進監獄，這打破了她一貫的寬容。她怒氣沖天，憋在心裡很久的問題，全都爆發出來。她大吼說：「⋯⋯你喪心病狂了嗎？你知不知道你造成什麼傷害嗎？」她像興登堡號（Hindenburg）飛船一樣引

爆，10分鐘後才發洩完畢。

不過史滕格爾無條件的母性護子之心又復發了。她花大錢延聘一位瑞士律師。律師將此案定調為一個年輕人的無心之失，是非暴力的初次觸法，布萊特韋澤和安娜都不必出庭，都被處緩刑和不到2千美元的罰款，被禁止進入瑞士3年。如此而已，事情過去了，不再被追究，過程迅速而無大傷害。

在法律上來講，確實如此；但感情上，就複雜得多了。對於安娜—凱瑟琳來說，這次被捕似乎喚醒她一直試圖壓抑的各種恐懼。她最害怕的是自己的未來；和男友在一起將近6年了，兩人仍住在對方母親的閣樓上。布萊特韋澤一直說他們會突破束縛，找到自己的地方，但她認為這是空想。他不賺錢沒收入；即使兩人和他們的藝術品真的有地方可搬，住在堆積如山偷竊來的戰利品中，永遠也無法真正自由。警察追捕的陰影永遠揮之不去。他們能用這些東西做什麼？終局會如何？

在琉森被捕前幾個月，安娜—凱瑟琳發現自己懷孕了。建立家庭生活，不是比作為亡命之徒，徒然守住一閣樓財富的生活更充實？但孩子卻非他們這種偷偷摸摸生活裡的選項。

安娜—凱瑟琳沒有告訴布萊特韋澤自己懷孕的事，他也從未注意到。她告訴了他的母親。撤開對兒子的溺愛不談，史滕格爾顯然和安娜—凱瑟琳有同樣的感覺—布萊特韋澤牢獄之災總是籠罩著他們，他們甚至不能招待訪客。

不是做父親的料。這兩個女人計畫開車穿越德國到荷蘭；安娜—凱瑟琳向布萊特韋澤是這麼說的：他們三人有機會一起度假。這趟公路之旅也沒有阻止布萊特韋澤在他們參觀一處城堡時偷走了一枚銀器，安娜—凱瑟琳在場目睹了經過，但史滕格爾蒙在他們參觀一處參觀城堡後的第二天，安娜—凱瑟琳向男朋友提到，她有婦科問題，在荷蘭附近預約了醫生。布萊特韋澤將安娜—凱瑟琳和母親送到了診所。事實上，這是這兩個女人事先計畫好的：在遠離八卦的阿爾薩斯墮胎，意味著比較能保密。

安娜—凱瑟琳告訴布萊特韋澤肚子裡只是一個良性囊腫。幾個月來，她和史滕格爾之間對這個重要的祕密心照不宣，對布萊特韋澤卻隻字未提。也許，在安娜—凱瑟琳看來，他們被捕反倒還禍中帶福。在畫廊被補時嚇破膽，經歷從輕發落的幸運結局之後，現在可能到了必須思考如何收拾殘局的時候了。

布萊特韋澤不知道墮胎的事情，但這對情侶討論過撫養孩子。他說他願意當爸爸，而安娜—凱瑟琳堅持，只要他們擁有偷來的藝術品一天，就永遠不會有孩子。「這是送給孩子的有毒禮物。」她的話切中了要害，因為他心裡有數，女友是對的。他思考如何乾淨地收拾閣樓，讓兩人都不受連累。也許可以在半夜將清理出來的藝術品扔包在警察局，金盆洗手，人生重新開始。他們可以長大成熟。

但也許時候未到，布萊特韋澤補充道，因為他還掛念著其他一些東西。然而，糟得不

能再糟的事情這個時候卻發生了：行竊貴重物品時他當場被抓！還居然幾乎沒有受到什麼懲罰！被禁止前往瑞士不算什麼，還有許多其他國家可去。

擁抱成熟或尋找終局看來時間並不緊迫，他們還年輕；安娜—凱瑟琳可能受責愧疚，但布萊特韋澤感覺自己仍然穩操勝券。

她愛他。但他實在不應該是她終身所託之人，要不怎會選擇祕密墮胎？他不斷觸法，她在旁協助。他也愛她，要不兩人為何依舊在一起？兩人難捨難分是愛情和一連串的犯罪行動使然。這也是安娜―凱瑟琳兩難的元素：離開他？還是留下？他不願意了斷，她只好給他下了最後通牒。

她說：「是藝術還是我，你自己選。」

對布萊特韋澤來說，世界之美在安娜―凱瑟琳和他們的藝術收藏中達到巔峰，他把這個真實的感受刻在他們竊來的名畫背面。他心想，現在卻要他犧牲這一半的幸福，他拒絕回答。

布萊特韋澤的沉默說出很多含意。瑞士心理治療師施密特在他的報告中非常清楚在被迫之下布萊特韋澤會做出什麼樣的選擇，他說：「他的收藏在一切之上，甚至高過女友和母親。」

但他並沒有被迫。安娜―凱瑟琳似乎已清楚自己兩難的處境會得到什麼答案：她想留

143 | 藝術大盜 | The Art Thief

下來。她也曾希望確定布萊特韋澤認為她比藝術更重要,而顯然布萊特韋澤若實話實說,她得到的不會是這個答案。也許,經過重新評估之後,她決定:無生命之物,甚至是非法之物,都是可以接受的小三。布萊特韋澤渴望取得新藝術品,胃口無窮無盡;然而,從他們相遇的那一天起,她也差不多一樣確定他一直對她死心塌地。

愛無妥協,就無法持久。安娜—凱瑟琳從最後通牒中退縮,並給了他一個慷慨而不具體的解決方案:必須減少偷竊的頻率,而且得更加謹慎。瑞士已是禁地,他們的指紋已被瑞士警方採集,可能也傳及全歐,因此他現在必須都戴上手術手套帶回家給他。

布萊特韋澤對安娜—凱瑟琳開出的新條件照單全收,在他們被捕過後的近一個月裡,他沒有走進博物館或畫廊一步。然後,在1997年6月下旬,他們前往巴黎度週末,參加德魯奧—蒙田(Drouot-Montaigne)拍賣行的預售展。在一個人跡罕至的側室,他看到了一幅綠油油的葡萄園豐收畫面,是荷蘭風景畫大師大衛·維克朋(David Vinckboons)的銅版油畫。

他把手術手套帶到了巴黎,偷偷戴上。安娜—凱瑟琳不希望他做的事,他顯然有意要做。沒有什麼明顯的理由需要臨時打消盜竊;他倆都看到拍賣行的這個角落安全措施很差。她若拒絕替他把風,只會增加他被逮的可能性。他若是遇上麻煩,她也難逃干係。她只

藝術大盜 | The Art Thief | 144

勉為其難。

法國治療師雷東多曾分析安娜—凱瑟琳，認為她從戀愛一開始就蒙受要她合夥偷竊的壓力，而且布萊特韋澤的脅迫已經轉成虐待，安娜—凱瑟琳可能身心俱疲。雷東多的報告說道：「這種關係，是一種支配與服從的關係。」根據雷東多的說法，安娜—凱瑟琳是被擄、被迫違背自己意願、協助他盜竊；她不是幫凶，而是受害者。

雷東多的評估可能是正確的。那些瞭解安娜—凱瑟琳的人尊重專家說法，都不願進一步推測她與布萊特韋澤的心理糾葛。安娜—凱瑟琳本人不會回答記者關於施虐的問題，對此保持沉默，其他問題亦然。雷東多從未看過這對情侶的家庭生活影片——安娜—凱瑟琳在寶藏堆裡顯得神情放鬆、興致盎然，譎而不虐，彷彿在慶功。法國警探達蒂斯看過這些影帶之後說，他最初對安娜—凱瑟琳的看法被推翻了，認為她似乎沒有受到痛苦或是脅迫。達蒂斯說：「她神色煥發。」與其說她是棋子，不如說是女王。安娜—凱瑟琳是個意志頑強的女性，也是這段感情中有穩定工作的一方。和布萊特韋澤在一起，更有可能是她自己的選擇。

在巴黎的這家拍賣行裡，安娜—凱瑟琳在旁把風，布萊特韋澤一反常態，對自己沒有把握。一次栽跟斗和長達一個月的休兵，對他有如永恆之久。戴上手套雙手也不穩。他心知，猶疑會毀了他的行盜風格，試圖說做就做，寄望肌肉記憶接下其他工作。他抓住這幅

145 ｜ 藝術大盜 ｜ The Art Thief

1997年7月,安娜—凱瑟琳開始放暑假,他們回到了巴黎以西的羅亞爾河谷,幾乎整整一週他都奉公守法。旅行最後一天,兩人在博物館裡,他看見另一幅銅畫——市民林中漫步、鹿在沼澤嬉戲的〈秋天的寓言〉(Allegory of Autumn)。畫沒有署名,但經常被說是老布勒哲爾的作品。

是的:布勒哲爾,法蘭德斯藝術中最偉大的姓氏,與德國的克拉納赫家族相互輝映的家族。他還沒有布勒哲爾的作品,有了這一幅,閣樓無疑會錦上添花更加蓬蓽生輝!這幅畫此刻高掛於牆,有點可畏,但博物館裡除了收銀員和警衛沒有別人,而他們兩人正在兩層樓下互相親吻!安娜—凱瑟琳在樓梯間站好位置,警衛若將視線挪開收銀檯,她會咳嗽。他把畫框滑到展示櫃的下方,安娜—凱瑟琳回來用手帕擦拭椅子,擦去椅上的鞋印。他們走下樓梯,銅畫在他夾克下面,臨去還向那對剛剛在熱吻的警衛與收銀員告別。

幾週後,他又在法國西部的一間小型博物館裡盜走一對小的瓷像。在德國,他取得一幅油畫,然後在比利時又拿了一幅。然後,在1998年1月,為了一管小喇叭,他再回到

17世紀的銅畫,以一個漂亮而熟悉的動作將它翻過來,他打開卯榫就像打開汽水罐一樣輕鬆。他把畫框扔在房間裡,和安娜—凱瑟琳走出拍賣行,走到巴黎的小街上,沒有人伸手抓住他肩膀。

德國。出手之繁,彷彿琉森災難從未發生過一樣。

這正是安娜—凱瑟琳不想看到的。她妥協是為了終止他的偷竊行為,而不是讓偷竊重獲新生。針對他最近的搶劫案,布萊特韋澤說,安娜—凱瑟琳的確曾試著約束他、勸他住手,但他利用了她的寬容心。給他些許迴旋餘地,他都不會放過;除非有顯而易見的危險,否則他一定不顧一切地繼續到底。回到閣樓後,她的擔憂會一掃而光——要不就是布萊特韋澤堅信將是這樣。在家裡,他感覺天下太平,不會再聽見不要偷竊的大道理。他深信他們倆就是一個同心合意的團隊,兩人對抗全世界,而他們是占上風的一方。

一天,在屋子裡,他在一堆垃圾郵件和撕開的信封中,看到一張來自荷蘭一家醫療診所的帳單和墮胎紀錄。他記下了日期,搜腸刮肚地回想,想起曾經與母親一起旅行,安娜—凱瑟琳需要醫療,他將兩個女人都送到了一家診所。突然真相大白:安娜—凱瑟琳與母親串通好了結他們的孩子的生命。安娜—凱瑟琳,他唯一一個可以不設防、可以推心置腹、完全信任的女人,原來在對他撒謊。

他跳上車,開到她工作的醫院,走到她的值班工作檯。「他們的孩子!」安娜—凱瑟琳後來宣誓作證時說,兩人的衝突無比恐怖!他總是有脾氣,就像他母親;兩人面對面時,他盛怒之下語無倫次,感覺遭到背叛、受傷——連商量都沒商量!他揮手掌摑她的臉,然

後氣沖沖揚長而去。

他推測,她下班後坐公共汽車,或者搭同事便車去他母親家。她回到母親家時,他的車並不在那裡——他沒有回家,他開著車四處亂晃,試圖讓自己的頭腦平靜下來。他想像安娜—凱瑟琳爬上樓梯,收拾好行李,然後叫車離去,或是打電話給她母親來接她。她搬進位於默路斯另一端她自己父母的公寓,離開兩人的閣樓和其中每一件藝術品,離他而去。

*

安娜─凱瑟琳考取了駕照，買了一輛像軟糖形狀的紅色福特Ka系列車，開始開車上下班。

跟父母住了幾週後，她在默路斯郊區租了一間公寓套房，布萊特韋澤開始從他母親家給她打電話，有一陣子她會看來電顯示，從不接聽。然後，在離開他4個月後，她接了。

在這4個月裡，布萊特韋澤沒有偷過一次。生活少了安娜─凱瑟琳，他悶悶不樂、沒有方向；他獨自一人睡在四柱床上，掠奪的熱情也枯竭了。他說，為了讓自己忙碌起來，他找了幾份臨時工作，例如包裝禮品盒、賣皮草大衣，但除此之外，他躲在閣樓裡自怨自艾，生活和藝術品都變得黯淡無光。安娜─凱瑟琳的新電話號碼是公開的，他每天都給她打電話，一直打到她接聽。

布萊特韋澤知道如何在博物館或通電話時對安娜─凱瑟琳舌粲蓮花。他對她說，他被痴迷蒙蔽了雙眼，讓她置身在他不穩定的情緒之中。他就像一個大屁孩，總是需要一個新玩具。他接受了她墮胎的決定，發誓不再對此生氣。他愛她，對她說得不夠。她是他唯一

可能廝守一生的女人。他一直忠心耿耿，她不在身邊，已經打破了他偷竊藝術的癮。

安娜—凱瑟琳有一輛車、一間公寓，每天通勤上班。沒有了布萊特韋澤，她的生活日復一日千篇一律。但那些認識安娜—凱瑟琳的人認爲，持續穩定的興奮源泉，是她的禁藥；和他在一起，他們擁有一個如假包換的祕密寶庫，還有每週一次的藝術品盜竊。他發瘋般的激情，或只是他那一雙藍眼睛，就讓她無法自拔，或者說幾乎戒不掉。

她對布萊特韋澤說：「你要是再揮手施暴，我就永遠一去不回了。」她不禁止他偷東西，她知道此刻自己是嫁雞隨雞嫁狗隨狗了，堅持的只是她不在他的偷竊行爲中擔任積極的角色。安娜—凱瑟琳保留了她自己的公寓——一個沒有藝術的棲身避難所，但搬回閣樓再度與男友同居。

床對布萊特韋澤變得溫暖、油畫也明亮了，他的不適感一掃而空，彷彿轉世重生了。突然間他又對美學變得飢渴無比，布萊特韋澤也很不坦然自得。他不常去教堂，安娜—凱瑟琳上班時，他在幾家地方性博物館裡覓食，這一週拿了一幅木炭畫，下一週拿走一個硬木紀念品盒。

1999年底時他已偷了250件物品，一開始，其中只有少數來自教堂。安娜—凱瑟琳對這些盜竊坐立不安，布萊特韋澤也很不坦然自得。他不常去教堂，母親卻是虔誠的天主教徒，若是發現自己的兒子在教堂行竊，她會特別爲這些罪惡有揪心之痛，比其他任何罪惡感更甚。於是他放棄了在教堂下手。

如今既然單獨作案，教堂裡恰恰又有他要的東西：附近就有他欣賞的藝術品，他還沒下手；這些地方往往防護甚差，不需要有人替他把風。

於是他就從一座教堂裡拿了一個帶翅膀的基督胸像，在第三座教堂拿了一個抹大拉的馬利亞的木製小天使，不覺就拿下高品質的藝術品。他開始肆無忌憚──一只燭臺、一個大理石聖水盆、離天使，相繼到手。

閣樓上的牆壁和架子幾乎都放滿，掛滿了，布萊特韋澤開始在地板上堆放物品，衣櫥裡的鞋架變成了一個黃銅作品的小隔間。日曆跳到2000年，這對情侶按照往常的除夕慣例，留在家裡，什麼也不做。他們3年不得進入瑞士的禁令期滿，那裡的薪水高，會說德、法語的布萊特韋澤找到他一生中收入最高的工作，在一家高檔餐酒館當服務生，每月收入超過4千美元，工作地點離家通勤1.5個小時。

手上賺夠了錢，他竭力用合法的方式去滿足安娜─凱瑟琳的刺激需求；他買了橫跨大西洋的飛機機票，和安娜─凱瑟琳都請了假，到多明尼加共和國浪漫度假兩週。布萊特韋澤感覺，這是一次濃情蜜意的旅行，鞏固了兩人的感情。在那裡，他一次也沒技癢。多明尼加假期一結束，他馬上開始計畫另一趟旅行。

安娜─凱瑟琳擔心男友工作的地點，明確對他發出警告。她說，儘管他們被允許回到

瑞士,依然不得以身試法偷竊。他們一度幸運地從寬開脫,但第二次被捕就可能是災難性的。理論上,布萊特韋澤對盜竊禁令沒有異議,但事實上,每次開車穿過瑞士去餐廳工作,沿途的博物館都會一一在他腦中浮現。

他的抵抗力當然灰飛煙滅了。轉眼之間，一個銀糖碗、兩個聖餐杯、一個彩繪玻璃窗框、一個湯皿、一個紀念獎章接二連三被帶回。在瑞士偷竊的事，他沒對安娜—凱瑟琳吐實；她似乎沒有注意到他已經不在他們的剪貼簿中加料。

有一天不用到餐廳上班，他獨自前往一家博物館，一次拐帶了10件物品，寫下他單日最高竊盜紀錄。他的背包、大衣和褲子裡都塞得滿滿的：1個茶壺、2根公湯勺、6個銀杯和1個裡面裝了一套餐刀具的木盒。2001年2月，他獨自一人回到瑞士阿爾卑斯山的格呂耶赫城堡。6年前，他和安娜—凱瑟琳在前往滑雪勝地途中，曾經在此停留，偷盜生平第一幅畫；此後他不止一次在10幾家博物館下手；在格呂耶赫城堡於不同的時間共偷了4次，其中3次有安娜—凱瑟琳在場，帶走兩幅畫和一個壁爐工具。

他單槍匹馬赴格呂耶赫時，在褲子裡塞了一個空的軟行李袋，把它綁在一條腿上。他的目標是一張17世紀的大掛毯，寬3公尺、長3公尺，從和安娜—凱瑟琳初次造訪時一見鍾情。有安娜—凱瑟琳在場，總是會起緩和作用，認為犯不著為此一龐然巨物冒坐牢的風

25

153 ｜ 藝術大盜 ｜ The Art Thief

險。但是沒有她在旁，他出手肆無忌憚，也一次比一次大膽，擷拿掛毯似乎是很自然而然的下一步。

掛毯上織有森林、山脈和村莊，整個世界都納入了，他百看不厭。他的計畫是離去時帶著軟行李袋經過前臺，低垂地面，暗渡陳倉。他把織錦掛毯從牆上取了下來，但織毯無論怎麼折疊，行李袋的拉鍊都拉不上。這時遊客逐漸走近，於是他使了一招很久以前用過的伎倆——他與安娜—凱瑟琳第二次盜竊，在另一座城堡偷十字弓弩時用過——他把行李袋扔出了窗外。出了城堡後，他踏過城堡外的泥濘和牛糞，將之取回，大功告成。

他腦子裡有無數個在教堂偷竊的想法；一個風雨交加的日子，他測試了當中的一個。

他開安娜—凱瑟琳的車，將她送到她工作的醫院門口，不想讓她在滂沱大雨中從員工停車場走到醫院淋成落湯雞。他也告訴她下班後會來接她。其實他這種俠義的騎士精神是別有用心——安娜—凱瑟琳汽車的座椅倒下來能提供的存儲空間，比他自己的車大。他驅車前往聖塞巴斯提安教堂（Saint Sebastian Chapel）。教堂坐落在一座小山上，俯瞰著阿爾薩斯紅瓦屋頂的村莊，他兒提時代就不時前往這座小教堂。

1520年刻成的酸橙木雕祭壇裡面，有一尊120公分高的聖母馬利亞雕像，頭微微仰天，長袍飄逸。前一次來時布萊特韋澤曾研究雕像是如何固定在基座上，這次他將母親工具箱裡的扳手帶來了。他觀察到教堂有一名管理員住在教堂後面的小屋裡，教堂也可能

整天都有教區的居民前來，他希望惡劣的天候讓他們望而卻步。他開車到了教堂，教堂前唯一的車輛是管理員的。

解下雕像本身並不是挑戰。挑戰的是拖著150磅重的雕像通過走道。他抓住聖母的腰，跟跟蹌蹌地走了幾步，然後放下休息。他沒嘗試躲躲閃閃；但若是被人看到，他就完了。他賭的是：他在教堂的時段裡，沒有人會進來。的確也沒有人闖進來，他費力地將雕像從教堂裡拖出來，放進安娜—凱瑟琳的掀背車裡，冒著大雨一路開回家，把雕像拖進屋裡。他渾身濕透，筋疲力盡卻高興之至。事完之後又去接安娜—凱瑟琳。

安娜—凱瑟琳在看到雕像之前就生氣了。她一整天都是上班，但她那輛顏色鮮豔、極其惹眼的車，卻在未經她允許的情況下成了犯罪工具。閣樓已經沒有地方放這件大雕像，他把它塞在一個角落裡，有一部分被其他物品覆蓋。他從格呂耶赫拖回家的掛毯需要10平方公尺的牆面來掛，他們卻沒有。他就粗氣地把它推到床底下，連看都不去看。

更糟糕的是，他並未善待這些作品。布萊特韋澤一直堅持保護藝術是他的首要關切，但像原來在格呂耶赫如此精緻的掛毯，無論是丟出窗外或塞在床下，都是不應受的待遇。至於文藝復興時期的畫作，他知道應該少去移動，更不用說從牆上扯下來，匆匆從框架拆下，扔在汽車後座，晃晃蕩蕩地穿過城市街道。在閣樓上，三聯木板的藥鋪油畫—他背

對著監視器鏡頭偷走的貴重作品，開始鬆動扭曲，彼此分離。

〈藥師〉的損壞，對他是一記重擊。專業修復師有技術工具和熟練精確的技巧，可以慢慢扳正木板，將之重新連接，作品可以救回來、煥然一新。布萊特韋澤知道這一點。他可以匿名將這幅畫送到任何博物館或藝術畫廊，他們肯定會請一位專家來處理維修工作。可是，他試著自己來。他用了一種藝術修復師從不推薦的方法，也是一位策展人形容的「殘酷」方法，將面板強行放回大概的位置，用強力膠水封住，畫也一直留在閣樓上。

接著，原來屬於羅亞爾河谷博物館的彩繪小天使陶瓷盤，掉到地板上，碎了。損害無法彌補，被扔掉了。布萊特韋澤似乎已經過了他生命中的某個平衡支點，惡魔浮現了。他還不小心踩到他們在諾曼第取得的小幅烤雞靜物畫，碎得很厲害，最後也進了垃圾桶。

安娜—凱瑟琳曾經尊重他那追求美麗的乾淨慧眼，但這個時候，她後來對調查人員說，他的偷竊已經變得「骯髒」、「發狂」。他崇拜的美學理想，將每件作品都視為尊貴的客人，已經淪為囤積。她不喜歡他現在帶回家的大部分作品，她說，有些非常醜陋。

然而，儘管他瘋狂偷竊、挪用她的車，她還是沒一走了之回自己的公寓去。她留下來了。2001年，他們都年滿30歲，先是安娜—凱瑟琳7月5日過生日，然後10月1日輪到布萊特韋澤過。除非他特意給她看一件作品，否則她幾乎不會再將目光投向新物品；閣樓與其說是羅浮宮的一個展間，不如說是世上最貴的垃圾場。一件又一件加進來，沒有止盡。

他帶回來一把有4百年歷史的號角，完美無瑕，黃銅管閃閃發光，皮革肩帶非常考究。

安娜—凱瑟琳下班回來時，他忍不住拿出來炫耀，告訴她經過。

銅號原本陳列在一個密封的展櫃中，高度幾乎與天花板齊高。他不得不爬上一個散熱器，拿出瑞士刀，擰下前方面板的螺絲。過程中，他停頓了幾次，跳回鋪著紅地毯的地板上，並四處走動；這樣，博物館裡唯一的另外一人——下面一層樓的收銀員，就會聽到聲音而不心生懷疑。

展櫃打開後，他將前面板擱在相鄰的房間裡，再次跳上散熱器，推開阻礙他進入的懸掛燈具，迅速切斷固定號角的尼龍繩。燈停止擺動時，他已經把樂器藏在深綠色的雨果博斯名牌風衣下，走了出去。

安娜—凱瑟琳頗不高興。他們已經擁有一把更好的號角，一把他們在德國一起偷來的一個三圈樂器。此外，他的故事中還少了一些細節。

她問：「你戴手套了嗎？」

157 | 藝術大盜 | The Art Thief

他回答：「我真的抱歉。」他需要保持最高的靈巧度，才能偷到手。

手套是安娜—凱瑟琳堅持的兩條鐵律之一。接著她又發現他打破了另一條：他偷走號角地方——理查·華格納博物館（Richard Wagner Museum），就在瑞士。你料不到他的行為還會每況愈下，但就是可能會。華格納博物館位於琉森，正是他們倆曾經被捕的城市。

布萊特韋澤說，她眼中的怒氣之大是他從未見過的。她火冒三丈地說，他的指紋現在遍布琉森的另一個犯罪現場，他們兩人很快都會進監獄。布萊特韋澤被她的憤怒嚇壞了，他承諾他會亡羊補牢，會開車回到博物館，擦去他的指紋。

不，安娜—凱瑟琳說。太冒險了！於是她打算請一天假，一大早就去博物館抹去手印、腳印。布萊特韋澤說至少他應該開車，她不情不願地答應了。

他們用安娜—凱瑟琳的車，車裡的氣氛冰冷，兩人幾乎一語不發。但是，當他們駛入華格納博物館園區時，他的心情因周遭的自然美景而為之一振。華格納博物館坐落在琉森湖邊一個園藝極佳的都市景觀公園上，四圍是冰川覆蓋的山脈環繞。這裡的莊園華格納在1860、1870年代居住過。安娜—凱瑟琳打開車門，皮包裡放著一塊手帕和一瓶外用酒精。有那麼一瞬間他感覺也許他們又能找回自己的愛情了。

她對他說：「待在車裡，我馬上回來。」

他說：「我只是要走一走，別擔心。」他也下了車，穿上他的綠色風衣，將車鑰匙遞給

她，放入她的錢包。然後他俯身親吻安娜—凱瑟琳，希望能一吻破冰。

她進入博物館，買了一張票，然後上到二樓。布萊特韋澤圍著博物館在外面轉圈；宅邸有三層樓，刷白的牆面上掛著森林綠的百葉窗。他在外面看著她前進，定格在一個窗框裡，然後是另一個窗格。她身上是剪裁合身的灰色西裝，非常優雅。

她終於消失在一個室內展間裡，他等待著。周遭只有稀稀寥寥幾個人，包括一個遛狗的老人，好像對他很好奇，一直盯著布萊特韋澤看，然後跨步走開。天鵝在湖面上悠游，波浪有節奏地拍打岸邊，教堂的鐘聲簡潔地敲響了一刻鐘。

安娜—凱瑟琳走出博物館，快步向他走來。她幾乎是在慢跑了。這有點奇怪。他們犯案離去時從來不想表現得好像是在逃跑，而且這一次去博物館，他們一反常態，並沒有帶著偷竊的念頭。他覺得她正試著告訴他一些事情，但他離她太遠，聽不見。他努力要解讀她焦急的面容和激動的手勢，就在此時，一輛警車在他身後的碎石路上停了下來。

兩名身穿制服的員警從車裡出來，有那麼一瞬間，布萊特韋澤認為他們不是衝著他來的。他的夾克下沒有藏戰利品，也不在博物館裡。然而，警員快步走近，其中一人掏出一副手銬。布萊特韋澤嚇了一跳，但他沒有反抗；鐐銬上身的同時，他再次與安娜—凱瑟琳交換了眼神。她看起來慌張而困惑，但很幸運的，警察並沒有注意到她，布萊特韋澤被押進警車的後座，被帶走了。

布萊特韋澤在瑞士警察局地下室的牢房裡度過了痛苦的一夜；4年前，他也因偷畫被捕而拘留在此。次日早晨，2001年11月21日星期三，一名警探來到他牢房，禮貌地自我介紹。

羅藍・邁爾（Roland Meier）與布萊特韋澤年齡相仿，都30歲出頭，也都同樣身形瘦削和有一雙湛藍的眼睛。他們用德語交談，都有阿爾薩斯口音，是老鄉。在前往牢房之前，邁爾研究了布萊特韋澤在琉森的初犯報告，認為他要打交道的對象是個泛泛之輩的小偷；從他偷竊的兩個半身像來看，他並沒有什麼天賦，只是想從安全防護不嚴的博物館和畫廊裡快速圖個利益。

邁爾陪著未上手銬的布萊特韋澤從地下牢房走到電梯；上了電梯，來到現代化警局的主樓層，進入一個四四方方的審訊室。他們隔著一張空蕩蕩的白色桌子分坐兩頭，周圍是死白色牆壁，沒有律師或其他人在場。

「你對號角的消失瞭解多少？」邁爾問道。

布萊特韋澤說：「一定搞錯了，我跟它無關。」

邁爾這時從容不迫。閒暇時會去登山或馬拉松長跑的邁爾，無論是工作還是娛樂，都不急著草草結束。邁爾耐心地去釐清布萊特韋澤的處境。

號角失竊的那天，華格納博物館異常安靜，總共有3名參觀者進入，1人值班的艾絲特・耶爾格（Esther Jaerg）喜歡在沒有遊客的時候在展間走動；在一次巡視中，在一位穿著綠色長風衣的訪客離開後，她發現號角不見了。這樂器有價值，也有歷史意義，是華格納自己買來的。耶爾格立即報警，兩名員警迅速趕到並採取了指紋、鞋印和DNA。

次日，當地的《琉森日報》（Luzerner Zeitung）刊登了一篇有關號角失竊的報導，一名退休的電臺記者看到了。此人每天在博物館附近遛狗，那天他注意到一名男子怪異地在博物館外轉圈子，那人緊盯著窗戶時，他立刻走進博物館提醒耶爾格。耶爾格立即行動，走到外面，認出了那件綠色的外套。她再次打電話報警，警察趕到，逮捕了那名穿綠色風衣的男人。

聽到這話，布萊特韋澤難掩沮喪。安娜―凱瑟琳堅持回華格納博物館，不僅冒險、不明智，而且完全沒有意義：她帶著擦拭手帕回到現場之前，所有的證據警方都已經採集到了。

警探看到布萊特韋澤的悔不當初，繼續問道：「你的指紋到處都是，證據確鑿，你怎

麼說都開脫不了的。」

布萊特韋澤保持沉默。邁爾半鼓動半誘導地說：「我們知道就是你。」

其實邁爾並不知道布萊特韋澤就是他們要找的人。琉森犯罪化驗室的指紋鑑定還沒出來，警探是在虛張聲勢，需要對方吐實認罪。他故意對布萊特韋澤謊稱在華格納採集到的指紋，與萊特韋澤第一次被捕後留下的完全相符。

邁爾指證歷歷地說：「更重要的是，號角失竊的那晚，有人在琉森看到你。」邁爾還說，他早就被監視畫面給拍到了。

就這樣虛張聲勢，邁爾露餡了。布萊特韋澤在號角到手後直接開車回家，一路未停，連停下來加油都不曾。布萊特韋澤覺察到，邁爾對盧森恩一事說謊，因此他對指紋之事也在說謊。

布萊特韋澤現在覺得邁爾並沒有真正的證據；若是有，邁爾會咄咄進逼。布萊特韋澤對大多數警探的描述是：技能不足和過度自信，他認為，如果處理得當，偷號角的嫌疑他可以開脫。

布萊特韋澤強力堅持自己清白，令他又驚又喜的是，邁爾居然平靜接受了他的否認。

布萊特韋澤看得很清楚：邁爾認為他在華格納博物館被捕時是單人作案；設若警方不知他有同夥，他們就不會去找她。他可以利用這個優勢，打電話給安娜—凱瑟琳，讓她不

藝術大盜 | The Art Thief | 162

動聲色悄悄把號角還回去。假若她把它藏在博物館附近的灌木叢下，讓行人在無意中發現，那就可提出充分的不在場證明。當局不得不釋放他，這就可打消他最擔心的——警方進入他的閣樓，找到囤積的贓物。

在邁爾詰詢布萊特韋澤半小時後，布萊特韋澤被帶回地下牢房。在牢房中他得知自己被歸類為高度戒護的囚犯，不能打任何私人電話。

邁爾最初對布萊特韋澤只是一個宵小的直覺仍在。但在簡短的審訊中，布萊特韋澤比邁爾預想的更犀利、更鎮定。這種表現反而令人起疑；布萊特韋在逼問下沒有垮掉，而且對邁爾的詰問見招拆招。邁爾這下對時隔4年的兩起犯罪案好奇心再起。兩起案子可能就是兩起，但也可能只是一個延伸、一個開端。

邁爾與法官交換意見，不排除布萊特韋澤可能是連續性藝術竊盜的嫌疑犯，邁爾獲得法律授權，可以繼續在高度戒護下監禁布萊特韋澤。邁爾也可以申請國際搜查令，方便員警從瑞士前往法國，到布萊特韋澤的家上門搜查。

日子有如讀秒般過去，這樣過了一個星期。取得國際搜查令要經過官僚體系多道關卡，邁爾苦等批准的同時，布萊特韋澤在監獄裡度日如年。布萊特韋澤唯一可以打電話的對象是法國大使館，唯一的訪客只能是律師。大使館沒有提供任何幫助，公設辯護人也未指派，他的刑事罪指控仍未確定。

布萊特韋澤不知道搜查令之事，不知道自己在等什麼，對未知的一切何時結束更無頭緒。他算是被單獨監禁，但他可以看到其他囚犯。此刻即使是最糟的現代藝術作品也可以轉移他的注意力，但牢房的牆上什麼都沒有，他孤零零，滿腦子只有消極的想法。

邁爾終於來探監了；牢房的門打開了，他站在門口，問他：「布萊特韋澤先生，你有機會好好考慮過嗎？」他將布萊特韋澤帶到偵訊室，要他認罪，而布萊特韋澤仍然矢口否認。

邁爾問：「沒有？」說完，便把門拴上。

布萊特韋澤可以寄信、收信，只是信件會受法院警察的檢查。他寫信給安娜——凱瑟琳

說道：「我感覺離一切和每個人都好遠，全世界都拋棄了我，我不斷受煎熬，滿心懊悔，哭了又哭。」並在信尾畫了兩顆小小的心。

10多天過去了，沒有人來信。安娜—凱瑟琳在哪裡？他認為當她在華格納博物館擦拭指紋時，無意中聽到了遛狗人和員工之間的對話，提到外面有一可疑男子。安娜—凱瑟琳懂德語，她一定是連忙出來警告他，只是為時已晚。她做了什麼？她對他母親又說了什麼內情？讓她寫不成信？

他第一次在琉森被捕時，他母親一天之後就伸出援手。如今，母親與情人的沉默對他都是折磨。他越拒絕與警方合作，就越感覺自己在獄中歲月會越長。當邁爾再次來偵訊，問他是否願意吐實時，布萊特韋澤說：願意。

在審訊室中，他的供詞被記錄下來。邁爾開口問：「你準備好向警方陳述事實了嗎？」

「是的，」布萊特韋澤回答。

「你為什麼前往華格納博物館參觀？」

「我對古典音樂有興趣。」布萊特韋澤謊稱，並說是獨自一人從法國搭火車去。這樣邁爾也不會質問他：那麼他的車為什麼沒在任何停車場被發現？邁爾也問他為什麼被捕時沒有火車票存根，布萊特韋澤說他扔了。

「號角你打算用來做什麼？」

165 ｜ 藝術大盜 ｜ The Art Thief

「我想在耶誕節送給我母親,它的光澤漂亮。」

布萊特韋澤說,不過若是知道它這麼珍貴,絕對不會偷走。他說:「我保證沒有賣掉這個樂器的念頭,我為我的行為感到非常抱歉。」

邁爾和布萊特韋澤重建盜竊案的經過——如何從陳列櫃中取出樂器,如何夾帶它離開博物館,這部分布萊特韋澤倒是誠實的;他甚至可畫出一幅草圖,說明建築物內部格局。

「你有攜帶武器嗎?」

「沒有。」

「有人幫你嗎?」

「我一個人。」他說,這起盜竊案完全是臨時起意,「我是一時衝動。」

「你還犯過其他盜竊案嗎?」

「我發誓,只偷過這一件樂器。」也表示上一次偷竊是在4年前的琉森畫廊。

「號角現在在哪裡?」

「藏在一個硬紙箱裡,在我母親家車庫裡,在幾個輪胎旁邊。她不知情。」其實他把號角肩帶掛在他一張油畫的一角上,但他下定決心永遠不向邁爾提及閣樓的存在。

「你為什麼又回到博物館?」

布萊特韋澤解釋盜竊後,他變得越來越焦躁不安,不再想在聖誕節把號角送給母親,

想將它還給博物館。他乘火車回到博物館，去擦掉自己的指紋，也想在外面尋找一個藏匿的好地點，他就是那時被捕。他的計畫是在下一趟來時帶著號角，匿名通知博物館可以在哪兒找到它。

布萊特韋澤認為，這個掩蓋真相的說法可以保護女友和母親免受懲罰株連，將警察擋於閣樓門外，也可讓自己量刑減到最低。既已承認偷了號角，他可以寫信給安娜—凱瑟琳和母親，懇求他們把它帶回琉森。他們不必對物歸原主之事瞞天過海，也指望其中一人收到信後會照辦。當號角完好無損地還給博物館時，警方一切調查應該就結束了。他希望，即使是二次累犯，他的監禁期也不會超過一個月。瑞士以寬容著稱，他應該可在耶誕節前獲釋回家。

對邁爾來說，小偷突然善念大發，想補救的說法，超出他可以相信的極限，不值得他花力氣在布萊特韋澤編造童話中找出任何丁點的誠實。邁爾未進一步詢問就結束了兩人這次的談話，陪布萊特韋澤走回地下牢房。如果真相不能從布萊特韋澤那裡發掘，邁爾會在其他地方尋找。

又過了6天，布萊特韋澤寄信給安娜—凱瑟琳和母親，希望他們把號角拿到琉森。但去信如石沉大海，對方音信杳然。他對自己究竟能不能擺脫困境，失去了信心。他如同被打入黑洞，越來越感到病魔纏身。

167 ｜藝術大盜｜The Art Thief

國際搜查令批准下來時，布萊特韋澤已被羈押23天。2001年12月12日，邁爾與另一位瑞士警探一起越過邊境，跟兩名法國警探一同辦案。4位警探驅車前往默路斯深入玉米田的住宅區，來到一個漆成珊瑚白的樸素房子；門牌編號為14-C，後院懸著一根晾衣繩。時間是週三傍晚5點30分，他們在門上敲了幾聲。

一頭金髮上已出現幾縷灰絲的史滕格爾應門。在警探亮出搜索令，她說：「這裡沒必要搜查。」她聲稱她不知道他們說的是什麼，揚言：「我兒子什麼都沒帶回家。」

然而，史滕格爾別無選擇，只能讓開，讓警探進來。他們立刻就上了狹窄的樓梯，來到了閣樓。門沒鎖，他們打開閣樓的門。

裡面沒有號角，也沒有任何其他樂器；沒有銀器，沒有古董武器，沒有牙雕、瓷器或金器；一幅文藝復興時期的油畫也沒有，有的話充其量不過是一本圖畫書。除了乾乾淨淨、空曠的四牆外，什麼都沒有，只有一張可愛的四柱床。

邁爾打開審訊室辦公桌的抽屜，將一張照片沿著桌面丟到布萊特韋澤那裡。照片是一枚17世紀的鍍金獎章，開胃菜餐盤一般大小，是在他偷取號角前兩週在瑞士偷的。他曾以為會給他帶來好運的動章，照片中看起來褪色和磨損了，布萊特韋澤不知它發生了什麼事。

邁爾說：「我們確信你也偷走了這個。」其實警方也並不確定。搜查布萊特韋澤的閣樓之後，得到的只是失望，但警探對他的謊言不買帳。邁爾還有一個主意可用來確定布萊特韋澤是否是個神偷，他說：「通通吐實招來，之後一切都沒事了。我們會讓你回家。」

回家，就是布萊特韋澤一心盼望的，而邁爾深知此點。耶誕節來了又走了，沒有人來探訪，賀卡也無一張。2002年元旦剛剛過去，布萊特韋澤仍在高度戒護牢房中。母親或安娜—凱瑟琳都無隻字片語，不知道警方搜查他家一無所獲。他也根本不曉得他的收藏品連同衣服和書籍已從閣樓上消失。一直拖到現在，他才半老實地承認偷了號角。經過兩個多月的監禁，他覺得自己好像被活埋了；在邁爾拋出救生索時，他接受了。

他也認了鍍金獎章，「是的，是我幹的。」

169 | 藝術大盜 | The Art Thief

邁爾再次打開抽屜，說還有件事，語氣幾乎帶著歡意的。他將另一張照片遞過桌面，照片上是他和安娜—凱瑟琳從一座瑞士城堡偷走的金質菸草盒。這一個是安娜—凱瑟琳最喜歡的。照片裡，盒子看起來有點髒。邁爾要他做最後的招認，簡單幾句話就夠了，過後，布萊特韋澤的噩夢就可以結束了。

菸草盒，他也認了。

邁爾第三次拉開抽屜，伸進兩隻手，撈起一大堆照片，把它們攤在桌上。一張是丹麥的象牙長笛、一張是德國的青銅小雕像、一張是比利時的銀杯，以及他和安娜—凱瑟琳將近8年前偷的第一件物品——一把法國的燧發槍。

通常對周遭能夠精明察言觀色，但如今被牢獄折磨垮了的布萊特韋澤，意識到自己中了邁爾的計，有生以來第一次無計可施、被將軍了。他一個個承認照片裡的每一件器物都是他偷的。一堆照片看完時，布萊特韋澤一共招認了107起盜竊案。

邁爾差一點意會不過來他剛剛破案的範圍之大，但他並未得意到沾沾自喜；那不是他的作風。邁爾坐在那兒，有點愣住了。在審訊桌上，在像紙牌一樣散落的照片堆中，有一份面朝上的警察打字報告。布萊特韋澤的目光掃過這份文件，一直到此刻，他才如鬥敗公雞，明白了為什麼這麼多照片裡的物件似乎都褪色了。

布萊特韋澤從報導中得知，在華格納博物館被捕一週後，一位名叫詹姆斯·藍斯（James Lance）的老人，傍晚時分在阿爾薩斯東邊的隆河—萊茵河運河（Rhône-Rhine Canal）河邊散步。藍斯注意到有兩個東西在渾濁的水中閃閃發光；他想大概是垃圾，但很好奇到底是什麼，於是第二天帶著一個帶有伸縮把柄的耙子回到原處。

這條運河是連接法國河道系統的一部分，當年為拿破崙下令修築；兩岸種有梧桐，掩映在一條與之平行的道路後。藍斯把一個聖杯撈到岸邊。聖杯似乎是用銀做的，上面刻著1619年。接著他又撈起一個銀色的高腳飲杯，同樣非同尋常；然後是第3個、第4個，還撈起一把刻有女人肖像的獵刀。這一發現非同小可，藍斯向當地警方報了案。

兩名警察抵達運河，接著又來了一隊人馬，然後是斯特拉斯堡河川大隊（River Brigade of Strasbourg）的潛水夫。有時同時有30名警察用網打撈、用金屬探測器搜索淺灘；潛水夫潛入3公尺深的渾水中。8百公尺長的運河部分的水被抽乾以便打撈，三天下來，一件又一件的藝術品被撈起，堆在岸上。

大盤子、小酒杯、馬克杯、大碗、耀眼的軍艦——極為奢侈的銀製品——混雜在中世紀的武器、騎士頭盔、2個加萊（Gallé）花瓶、6塊金懷錶、1個沙漏、1個座鐘，以及珍珠、木頭和陶瓷藝品。另外還發現了一幅油畫；因為畫在銅板上，河水沒造成多大的傷害。也有大量的象牙雕刻被撈起，包括精雕細刻的〈亞當夏娃〉。

共有107件物品從水中撈出,當地警察存放在警局一個空牢房中。斯特拉斯堡古董商賈克‧巴斯蒂安(Jacques Bastian)素以眼光敏銳聞名,他受邀來查看這批貨物。到達現場時,他驚呆了;說無論這批藝術品的主人是誰,都是「真正的鑑賞家」。這些物件需要專業清理,除此之外狀況都不錯或完全可修復。它們顯然沒被丟在水中太久。巴斯蒂安估計總價值為5千萬美元。警方出動武裝車隊將這批物護送到附近科爾馬市(Colmar)一間博物館的安全存放區,每一件都在那裡拍下照片,判斷要如何修復。

運河挖出寶藏,是地方上的大新聞,法國警局打擊文化財販運辦公室(OCBC)聞風而至,發現他們列案的藝術品每一件都是被偷走的,這些失而復得的藝術品也是OCBC一直在追蹤的連環竊案物證。這對狡猾的年輕竊賊有著敏銳的藝術眼光,戰利品足以滿足10幾個黑幫的需求。一對年輕人單憑自己有能耐偷走如此之多的藝術品嗎?若是如此,為什麼又要扔掉?OCBC感到不解,仍然不知道小偷是何方神聖。

在瑞士的邁爾對從法國運河打撈上來的東西同樣好奇。他在默路斯郊區搜索空手而返後,要求法方提供運河照片的拷貝。收到後,他又把布萊特韋澤帶進審訊室,聰明地請君入甕,誘使布萊特韋澤招認。幾天後,2002年2月7日,在琉森被監禁79天後,布萊特韋澤被捕時所穿的衣服發還,被告知換掉他的囚服。他被帶出地下室的牢房,押上火車,坐進犯人的車廂。

他是車廂裡10名囚犯中的一個；每個人都被關在一個小牢房裡，之間的過道上都有警衛。他是唯一一個穿著雨果博斯名牌風衣的人。布萊特韋澤在囚犯中一直自視高人一等，但如今他形容枯槁、沮喪不堪，對其他囚犯所散發出來的硬漢與無動於衷的不在乎氣息是又嫉又羨。他不知自己去向何方，沒有人告訴外頭如今如何。然而無論事態如何，他都著急到落淚的程度，擔心事情會越來越糟。

火車向西南行駛數小時,穿過瑞士的山脈、山麓,在到達日內瓦之前布萊特韋澤被移監,關進另一所監獄,比上一個牢房舊且髒。次日,他被押到監獄的會談室,在那裡,他首次見到追蹤他6年的藝術犯罪警探馮德莫爾。他們隔桌對面而坐,房間裡唯一的另外一人是速記員。

馮德莫爾胸寬腹大,頭髮幾乎禿光了。他穿的不是警服,而是開領襯衫和西裝外套,裏得緊挺,樣子令人生畏。馮德莫爾後來曾同意接受一次深度新聞專訪,講述他與布萊特韋澤所有的接觸和互動。這時,他從皮夾裡掏出5張藝術品照片,放在布萊特韋澤面前。

布萊特韋澤大喊:「不是我!」邊說,椅子被蹬得後退。

馮德莫爾說:「放輕鬆。」布萊特韋澤沒有要求請律師,而馮德莫爾想保持這樣的情況;他要打的牌是他的同理心,而不是他魁梧的身材。這裡需要的不是肌肉,而是奉承。

他說:「這些作品來自我家。」

布萊特韋澤安靜下來。照片中有一幅人像油畫、一尊大理石小雕像;儘管對於布萊特

藝術大盜 | The Art Thief | 174

韋澤的品味來說，這些物品嫌新了一個世紀，但也會是他可能考慮爲己有的東西。

馮德莫爾說：「我也是收藏家。」他向布萊特韋澤解釋說，從運河打撈起藝術品後，他需要一名藝術犯罪專家協助他鑑定。布萊特韋澤又被送上火車，來到維威鎮（Vevey），馮德莫爾的辦公室就在這裡的警察局。他說：「我知道你不是一般的小偷，你也是收藏家，是很好的事。」他說，布萊特韋澤的犯罪動機似乎都是出於喜愛，不是金錢。

這位身材粗壯的警探，是布萊特韋澤第一位未曾一見就心生反感的警察。他們用法語交談，語彙與談話內容很快變得家常一般，也互以名字相稱；他從來沒有用德語跟邁爾這樣做過。

馮德莫爾說，自動和盤托出、全面坦白，會令法庭滿意，從而盡可能從輕發落。馮德莫爾再次從運河照片開始，按地理位置一一來看。從瑞士被盜的物品開始，從那裡一路上來，最終遍及歐洲的 7 個國家。馮德莫爾針對他每次盜竊，要他一一回憶，而布萊特韋澤受了馮德莫爾的恭維，心裡非常受用，在前番吐露的供詞中又增加多層細節。有時，連每顆螺絲釘，他似乎都細加描述。

他們每週會面 5 天、每次 6 個小時以上，這樣做了快滿 1 個月。馮德莫爾有時會在聊天時抽菸斗，送布萊特韋澤回牢房時都會讓他帶著一本藝術書籍或拍賣目錄。一天下午，他開著自己的車載著布萊特韋澤兜風，他幾乎把他所有時間都花在這個案子上，對布萊特

韋澤的態度也盡量不至於太凶或批判。到這個節骨眼，瑞士當局仍然一直封鎖辦案消息，不讓媒體知道；媒體的關注十之八九會干擾調查。

失竊藝術品打撈上岸後，馮德莫爾提到發生在瑞士及其他地區的博物館盜竊案。失竊的是文藝復興晚期或巴洛克早期的物品，通常是銀器或牙雕，都是日間被盜。在一些地區，目擊者說看到一對年輕、衣著考究的男女，然而，這些物品都不在從運河撈起的失物中。

布萊特韋澤未曾忘記馮德莫爾是個警察，但他相信馮德莫爾同情他的困境，並且可能是他在執法部門能找到的最佳盟友。馮德莫爾建議他承認自己犯下的其他案子；如果他拒絕合作，警方不得不窮追猛打來證明他們辦案的方向與結論，布萊特韋澤的不合作態度在法庭上會再次對他不利。

他承認了另外幾十起盜竊案，儘管馮德莫爾未加慈惠。布萊特韋澤對發問大致都老實以對，除了關係到安娜—凱瑟琳的部分。他一再將她描述為一個無辜的旁觀者，在他行竊時她不是在上廁所，就是待在另一個畫廊裡，從來都不知情，試圖將她可能受到的牽連或懲罰降到最低。在他的牢房裡，他保存著一頁筆記，用密碼寫成，藏在一本書中，記錄了他曾經形容過的安娜—凱瑟琳在每個博物館或拍賣行的所在，這樣他就不會在未來的審訊或審判中自相矛盾。他強調，他的母親完全不知道他的行為。布萊特韋澤說了好幾次「我

是單槍匹馬作案」,好漢做事一人當。

馮德莫爾看過監視畫面、讀過證人的證詞,認為安娜—凱瑟琳擔任的角色、參與的程度其實比布萊特韋澤所承認的多,但他姑且容忍了。安娜—凱瑟琳和他的母親在瑞士都沒有面臨刑事指控;法國當局會處理她們。馮德莫爾此時若咄咄逼人,想要拉這兩個女人下水,布萊特韋澤可能就不再吐實,會要求委派代表律師。順水推舟視安娜—凱瑟琳和他的母親為無辜者,不明說也知道,是逼布萊特韋澤吐實認罪必須付出的代價。

馮德莫爾和布萊特韋澤討論他偷來的物品,包括銀器、牙雕、瓷器和金器——談論油畫以外的一切。繪畫其實才是最值錢的藝術品,但馮德莫爾暫且不追問,要在兩人之間建立起最大可能的信任,而馮德莫爾認為他們此時總算已經走到了這一步。

馮德莫爾直接問:「我們得談談你偷來的畫。」在運河中只發現了一幅畫,一幅繪在銅板上的油畫。他確信布萊特韋澤偷畫絕不是僅此一件。在號角事件之前,他在琉森的第一次被捕就是為了一幅靜物畫,一幅木板油畫。馮德莫爾估計,歐洲博物館中丟失了10到20幅畫作,價值不菲,布萊特韋澤脫不了嫌疑。「有多少幅?」他問。

布萊特韋澤還沒來得及過濾馮德莫爾話中的虛實,就露出馬腳。他洋洋自得地承認自己偷走69幅文藝復興時期的畫作。

馮德莫爾此刻表面不動聲色,即使他心中已感覺這可能是史上最大的藝術犯罪之一。

177 | 藝術大盜 | The Art Thief

現在至關重要的一步是找到作品；畫藏的時間越長，損壞的可能性就越大。他問道：「都在哪裡？」。

布萊特韋澤說：「我最後一次見到它們是在閣樓上。」當他讀到警方有關贓品被拋在運河的報告時，他震驚異常。但也就像他此刻生活中的許多事情一樣，他腦子一片混亂。他想，總有一天一切都會水落石出。藝術品在運河中經過洗禮——水洗——絕不是布萊特韋澤會推薦或理解的行動，但這也不至於完全置其於死地。他希望畫都得到好的對待，也許它們仍然安然掛在閣樓的牆上。馮德莫爾終於告訴他有關邁爾的搜查令之事，閣樓已經物去樓空，藝術品不在那裡了。布萊特韋澤更加困惑，恐慌亦起。他說：「那麼我也不知道這些畫在哪裡。」

馮德莫爾起初懷疑布萊特韋澤是否祕密下令清空閣樓，或是他已與母親和安娜——凱瑟琳串通好，指定在緊急情況下將畫作藏在某處。連丟包運河都可能是一個調虎離山的詭計、一個轉移注意力的方式，讓警探以為失竊的藝術品全部都找到了，其實真正的寶藏仍然隱藏著。事到如今，馮德莫爾已經花了足夠多的時間與布萊特韋澤相處，能夠看透他。他幾乎可以肯定，布萊特韋澤真的不知道他偷得的畫作如今在哪裡。

2002年3月初，馮德莫爾與法官商議，批准布萊特韋澤的母親在可豁免就補的情況下，前往瑞士，討論這些畫，告訴警方在哪裡可以找到它們，同時可以探監看望兒子。布

萊特韋澤已經下監3個多月,無人來看;安娜—凱瑟琳沒有回應瑞士警方的要求,馮德莫爾也不願意強迫她就範吐實,因此只有請來他母親接受訊問。

史滕格爾開車越過邊境,來到法官的辦公室。房間裡還坐著馮德莫爾、法官、布萊特韋澤,馮德莫爾開門見山地問史滕格爾所有偷來的畫她都放到哪兒去了。

「畫?」他母親冷冷地說:「什麼畫?」

布萊特韋澤不明白為什麼他的母親老遠到這裡還只是一味固執。他求告母親:「可是,媽媽,妳知道的。」

馮德莫爾再次要他的母親說出油畫所在,法官也如此要求。但史滕格爾沒有讓步。法官失望之餘,幾分鐘後就下令結束會議。

在他母親離開之前,有那麼一刻,兩人獨處時,她的舉止完全改變了。史滕格爾緊緊地擁抱著她的兒子,淚水湧出;如此深情的擁抱有點不符史滕格爾的性情。時間一分一秒地過去,當布萊特韋澤即將被拉走並被帶回監獄時,他的母親在他耳邊嚴肅低語:「別提那些畫了。」她不知道他已經將油畫的事對馮德莫爾和盤托出。「沒有畫,從來就沒有過。」他母親特意來傳達這個警告,但是她的時間就只能告訴他這麼多。這是他第一次得到暗示可能大事不好。

布萊特韋澤所知的是：安娜—凱瑟琳2001年11月在華格納博物館目睹他被捕；她自己躲過了，當時她的車停在博物館，車鑰匙在她皮包裡。

在宣誓後說明以下事情。2002年5月，在布萊特韋澤的母親前往瑞士接受偵訊，警方毫無收獲2個月後，馮德莫爾前往法國，仍在苦苦尋覓畫作的下落。安娜—凱瑟琳被傳喚約談，但她對閣樓清空的去向三言兩語就打發過去，堅稱自己在藝術品去向上未擔當任何角色。她說：「任何物件消失我都未曾協助。」也沒進一步說明。

也是在2002年5月，布萊特韋澤的母親被捕，受到警方審訊，是由法國調查人員負責。在警局宣誓後，史滕格爾大致確認了一連串事情的過程，說她獨立處理每一件事，安娜—凱瑟琳沒有參與。史滕格爾說，她備受自己所做決定的「折磨」，將閣樓清空之夜稱為「我的危機」，但對一切是如何發展的或是為什麼如此，她沒有完全釐清。

時長8年、2百多起偷竊、3百多件藝術品落腳於閣樓，它可說是布萊特韋澤個人一

生的嘔心瀝血之作集大成。為了他的身心健康,此一庫藏的最後時刻,他必須知道;即使是壞消息,也得知道。他試圖從母親那裡瞭解始末,但會客室探監時刻很難有隱私可言,因為不知道的話壓力更重。他終於能夠問她除了已向警方陳述之外的更多細節。布萊特韋澤也從警探那裡收集的資訊中爬梳,可是他仍不確定藝術大滅跡那天晚上的確切時間軸線,也不知道他的母親是否有人協助,可能知情者也都不願開口。至少,布萊特韋澤相信了結局,他相信最後的結局都一樣。

安娜—凱瑟琳從華格納博物館開車回來是一切的起始。布萊特韋澤對這個故事始末輪廓最清楚的理解是:安娜—凱瑟琳獨自駕車2小時,直奔母親家;隨後告訴史滕格爾為什麼她的兒子沒一起回來。他也只能想像母親的反應;4年前她花錢請了一位頂級律師將他從琉森盜竊案審判中救出來,現在他又在同一城市因同樣的藝術品竊盜罪行鋃鐺入獄中。

史滕格爾爬上樓——她告訴警方,這是多年來第一次。但兒子是小偷,她若有所覺,但對閣樓所見到的、對它的瘋狂程度,卻完全沒有心理準備。但他母親此刻並沒有被顏色沖昏頭,也沒對藝術品的美麗驚為天人,至少現在不是時候。她這個沒有工作、已經長大成人的兒子,可能就這樣毀了她的一生。布萊特韋澤說,她猜想這全都是偷來的,她會因為藏匿贓物而攤上從犯罪嫌,也毫無疑問,她會受羞辱、會鋃鐺入獄、會落得一文不名。她對警方說,閣樓上的每一件藝術品都像「對她展開攻擊」。

也就是那時，就在他在華格納博物館被捕的同一天，布萊特韋澤認為他的母親開始行動。史滕格爾形容接下來她「氣急敗壞」，震怒中她拿「一切」出氣。床邊櫃、衣櫥、梳妝檯、書桌等家具上的數十件藝術品被她掃到、砸在地上。她把畫用力扯下來，很多幅。「20、50，」她說，「我也不知道多少。」她到樓下拿了大垃圾袋和硬紙盒，回到閣樓，把銀器、陶瓷、象牙和其他物品等所有「金屬垃圾」通通掃了進去，還有一幅銅油畫。史滕格爾說，她裝滿了7、8個袋子和幾個紙箱。

根據安娜─凱瑟琳的說法，這時她已經回到自己的公寓，對閣樓上發生的事一無所知。布萊特韋澤認為她實際上在母親家裡待了一會兒，乞求他的母親住手，然而母親做出決定後，是不會改變的，他說，「我的母親就像一堵牆。」也有可能安娜─凱瑟琳留在他母親家協助史滕格爾毀滅證據的行動。也許她把一些東西扔進了硬紙盒裡；安娜─凱瑟琳一直想要了結，現在她算是求仁得仁了。

史滕格爾告訴警方，夜幕降臨後，她把袋子和箱子從閣樓搬到她的灰色BMW車上，然後獨自向北行駛了30分鐘。她到了一座橫跨隆河─萊茵河運河的狹窄弧形橋附近，在一處她往常遛狗的僻靜地點，在水邊的樹林中，她停好車，卸下袋子和箱子，在岸邊上來下去好多趟，把東西仍進運河裡。她向警方坦誠並不為此難過。她說：「這些對我來說沒有任何意義。」有些物件隨波逐流一會之後沉入泥漿；兩個銀色高腳杯扔得不夠遠，會在白畫

的光線下在水中閃閃發光。

他認為，那天晚上母親回到家，把第二批物品——剩下的銀器、更多的銅畫、大物件如掛毯，以及他在大雨中從教堂拖出來的聖母馬利亞像，一一裝上車。他知道，聖母像重達150磅，「我媽媽一個人扛是不可思議的事」，布萊特韋澤相信她一定有人協助。

他父母離異10年了，母親最近展開離婚以來的第一次戀情。對方恰巧也是一位畫家，名叫尚—皮耶・弗里奇（Jean-Pierre Fritsch）；他留長髮、風度翩翩，作品以壁畫聞名。在弗里奇的產業上有個私人池塘，可以從一扇平日上鎖的門進入。當局得知史滕格爾這段情史時，警方出動潛水夫搜查池塘，又打撈起10件被盜作品，全都是銀器。弗里奇被警方約談，他說他從未協助史滕格爾運送過哪怕是一件藝術品，至於物件如何落入他的池塘，也一頭霧水。

最後弗里奇沒有遭到指控罪名，但布萊特韋澤認為弗里奇那晚至少有段時間曾經出力幫助他母親。

150磅重的聖母像被遺棄在離弗里奇池塘不遠的一座鄉村教堂外。這座教堂坐落在農田裡，史滕格爾經常到教堂參加彌撒。她自己可以拖動聖母像，她說：「我花了很長時間，非常吃力。我必須把這聖母像放在我的靴子上，一步一步地吃力往前走。」聖母像被一個路人發現，後來用了幾顆新螺栓重新安裝在原教堂的基座上。

從城堡扔下來的掛毯，被扔進沿著德國邊境的83號國道附近的溝渠中，幾天後被一名停車小解的駕駛人發現：這幅掛毯看起來很有價值，便將它交給當地的警察。警察認為這是廉價地毯，被亂丟垃圾的人隨處亂扔，但由於它色彩繽紛，警察將它放在警局休息室的撞球桌下面，人在上面走來走去幾個星期，一直到他們得知運河打撈起贓物，聯繫到法國辦案當局和馮德莫爾，這張17世紀的織錦掛毯才被送往存放運河打撈物的同一家博物館。

他發現了新毯子很高興，用紅色法航毯子包裹著，扔在丟掛毯附近的森林裡，被一名伐木工看到。3幅銅板畫，其中的〈秋天的寓言〉被認為是老布勒哲爾的作品，背面貼著一張紙條，上面寫著「我一生永愛藝術」，署名「史蒂芬和安娜—凱瑟琳」。一個月後，這名伐木工讀到一篇關於失竊藝術品在該區尋獲的報導，亟需修復的銅板油畫不久也就加入掛毯和運河打撈上岸的物品的行列，被送進博物館儲藏室。

根據布萊特韋澤的說法，木板油畫是最後一步。他認為它們也在那天深夜一同被處理了，時間可能在近黎明時分。史滕格爾對警方說：「確切時間我說不準。」閣樓上剩下的每幅畫都被塞到她車裡；布萊特韋澤認為，這是母親第三次也是最後一次開車去湮滅證據。

他母親也扔掉了兒子的藝術藏書、他拷貝的成千上萬頁研究文章、他的剪貼簿；他所有的衣服，包括凡賽斯外套和髒襪子。她取下了掛鉤，把釘痕補滿，重新粉刷牆壁——臥室重

新粉刷成黃色、起居區白色，也沒有一個警察想到要仔細檢查牆壁是否有補痕。

然而，室內細部動工之前，史滕格爾先把這些畫送到一個僻靜的地方。布萊特韋澤說，他不確定弗里奇是否從旁協助，但他猜想他所有的油畫都堆在一處空地上，60多幅作品——肖像、靜物、風景與寓言畫——亂七八糟堆成一堆，原本只有美字可以形容的東西，如今只能用可怕二字描述。

布萊特韋澤想要相信——他選擇相信、也需要相信——母親這樣做是出於護子之心。他說：「她在保護我。」她清理閣樓，這樣警察就找不到他犯罪的證據，猶如將非法藥物沖下馬桶的激烈手段；她的行為可以看作是母愛的終極最高表達。

史滕格爾對警方則是這麼說的：「我想傷害我的兒子，懲罰他對我造成的所有傷害。」

布萊特韋澤說，她點燃打火機，一把火燒了那堆畫；雖然用不著，她很可能還加了汽油催化。在布萊特韋澤的想像中，古老的木板非常乾燥，油畫顏料易燃，火焰迅速升起，嘶嘶作響、劈劈啪啪地爆裂，畫作也燒出氣泡。熱度上升，燒熔的顏料像睫毛膏一樣流淌，流過畫框，火珠顆粒滴落到土壤裡。整堆畫很快地都被火舌吞沒；火焰四射，畫堆燃燒，直到燒成焦炭，成為灰燼；除了灰燼，幾乎什麼都沒留下。

185 | 藝術大盜 | The Art Thief

在他被押的瑞士監獄裡，一臺電視機在播放新聞。2002年5月中旬，就在警方審問布萊特韋澤的母親、承認摧毀名畫之後，消息走漏給媒體。對於記者來說，這可是好料——在母、子、情人三角關係糾葛中，史無前例的瘋狂犯罪事件與藝術大屠殺，媒體不放過大肆炒作。

在過去的2個月裡，布萊特韋澤對畫作的命運，只有母親那則低聲的神祕訊息——「沒有畫，從來就沒有過。」如今他跟別人一樣，從電視上得知此事。他的母親在審訊時對很多事都含糊其辭，以「我太多不記得」來搪塞。她證實畫作已經灰飛煙滅，但未曾刻意提到是一場大火結束了它們的生命，一直到3年後布萊特韋澤才得知這件事。一些媒體的報導猛猜其中情節來填版面。布萊特韋澤無法想像一幅木畫是他母親把每幅畫都塞進了廚房水槽的廚餘垃圾處理器。一個廣為流傳的報導是他母親把每幅畫都塞進了廚房水槽的廚餘垃圾處理器。布萊特韋澤無法想像一幅木畫是如何在垃圾處理器裡斷氣，更不用說60幅了，而且，母親的房子裡並沒有垃圾處理器。

阿爾薩斯的《阿爾薩斯報》報導說，他的戰利品總價值相當於10億美元；在英國，英

國家廣播電台BBC估計為14億美元；《紐約時報》（The New York Times）估計在14至19億美元之間。阿爾薩斯發行量最大的《新報》（Les Dernières Nouvelles）說，價值超過20億美元。博物館藏品大部分未在公開市場上出售，其實很難估價。

倒是布萊特韋澤一直嚴重低估了自己戰利品的價值，他說，這樣他看守它們感受到的壓力小些。他心目中的數字不到3千萬美元，不過從自己的研究中他心想有時數字會更高。他擔心現在必須拿出20億美元賠償，而這個數字他就是拿50輩子幾乎也辦不到。他再也不會有進項了。在獄中，對接獲的每一項採訪請求，他都拒絕了，儘管獄方也可能不允許他接受採訪。布萊特韋澤對外未曾公開透露過一個字。

布萊特韋澤看到的電視新聞也報導了他母親入獄的消息。安娜—凱瑟琳仍為自由之身，但審判迫在眉睫。安娜—凱瑟琳在審訊中否認與盜竊或破壞有任何干係，反倒是他自己的母親——一個兒科護士、一個會去教堂禮拜的人、一個受人尊敬的公民，對他一切盜竊行為都蒙在鼓裡——卻被關了起來。他說，他的腦子「短路了」，非常難過。牢房裡有一盒牙線，他把它鬆開，編成一條繩子，然後結成一個套索，將它掛在牢房燈具的固定桿上。他不確定牙線是不是夠結實，也沒機會去發現。一名獄卒看見這一幕，急忙衝進牢房。

「我再也受不了了！」他告訴獄卒。獄方立即對布萊特韋澤進行自殺監視，也開了抗憂鬱劑的處方。

透過牢窗的鐵條,他盯著下方街道上的紅綠燈,吞吐綠、黃、紅緩慢變化的節奏。馮德莫爾關心之餘會來探監,送來拍賣目錄;即使他不能忍受打開來看,布萊特韋澤也很感激這種善意。他說,他盯著紅綠燈看了3天,然後腦筋的思緒才開始安定下來;他得出結論,還有最後的希望;即使失去了所有收藏,但安娜—凱瑟琳還在。

他們最後一次聯絡是6個月前,在華格納博物館被捕時絕望的面面相覷。他說,現在她主宰了他的白日夢,腦中浮著他們坐在魯法赫(Rouffach)中世紀村落的小餐館裡時,她露著酒窩的微笑,有時兩人會在那裡,在一個合適的約會之夜揮霍一番。他們總是點一份經典的阿爾薩斯烤餡餅。他感覺,如果能重振兩人之間的激情,他可以保持理智。她是他活下去的動力。

自對運河打撈物招認以來,當局就禁止他與安娜—凱瑟琳聯繫,警方認為,兩人之間的通信可能會損害調查。布萊特韋澤認為也許可以偷渡一張便條,他經常寫信給她,乞求原諒,宣示愛她永不渝。他寫道,一旦出獄,他可以找一份合法的推銷員工作。然後他們可以買下自己的房子、生孩子,從此過上幸福的生活。到了2002年10月他31歲時,他已經寄出20封信。他不知道這些信是否投遞出去了,只知道他從未收到回信。

後來,在絕望中,他設法在獄中借來一支查禁的手機,憑記憶撥了她醫院的電話號碼。電話轉到她的工作部門,他要求接待員要安娜—凱瑟琳接電話。他聽到她的名字被叫喚,

心跳加速。但接待員回來後，問是誰打的電話。

「一位來自瑞士的朋友。」布萊特韋澤說，也聽到背景中的竊竊私語。

電話彼端的人說：「安娜─凱瑟琳不想和你說話。」然後就掛斷電話。

憂鬱再次吞噬他。母親被關進監獄，被禁止與他交談。當局若批准，他可以接受探視，但他的外祖父母身體過於衰弱，無法開車前來。他沒有朋友。閣樓裡收藏的藝術品終究也只是毀了他。

結果居然是他的父親出面救了他。有天獄卒遞來一封信，信封上的字跡──儘管已經過多少了歲月，他也認得出來是誰的。他打開信封，湧上來的是一陣陣酸甜苦辣的記憶：在激烈的爭執中他生氣扯斷父親的賓士轎車的天線，在夢幻般的日內瓦湖上父親掌船他滑水。這封信打破了他再婚父親8年來的沉默。布萊特韋澤從未見過他的繼母或繼妹，父親也不知道他的兒子現在身陷囹圄。羅藍・布萊特韋澤看到了電視新聞，於是拿起筆來。

他父親情詞懇切地寫道：「我向你伸出援手；握住我的手，我是來協助你的；將你的驕傲和仇恨放在一邊。」署名「你的父親」。

感受到父親發自心底的聲援，布萊特韋澤的心融化了，立即回信，足足寫了4頁。不久他的父親就親自帶著乳酪和義大利臘腸來看兒子。這兩個男人有著同樣深邃的藍眼睛和精幹的體格，都願意重修舊好。他父親開始每隔一週的星期日來看望他，見面時經常在與

189 | 藝術大盜 | The Art Thief

兒子擁抱後留下來,一談就是3個小時,是監獄允許的最大時限。他的父親承認,如果從某種角度來看,這個20億美元的數字無疑令人刮目相看。一位法國藝術警探在電視新聞中宣稱,布萊特韋澤的罪行將寫進史冊,「永遠成為藝術史的一部分」。

一個星期天,他的父親在妻子和女兒陪同下,到監獄探視布萊特韋澤;布萊特韋澤最深愛的外祖父母。外公外婆永遠挺他,也原諒他。「博物館沒必要到處擱那些東西,」他的外婆這樣告訴他。

受到父親探視的鼓舞,也不再受到限制性的安全或自殺監視,布萊特韋澤試圖稍微適應監獄的節奏。他取得一份組裝助聽器的工作,在固定自行車上騎了數百英里,還從獄友那裡了解洗錢的藝術。他也發現了自己在監獄的功用:他對四周到處流通的非法藥物毫無興趣,體內流著乾淨血液的布萊特韋澤成為他自己形容的「獄中便器」——每當獄友需要通過毒品小便檢查時,他會提供他們一份乾淨的樣品,好讓他們達到符合喝下一罐可口可樂後的標準,安全過關。

他的審判準備工作,因官僚手續而拖延。他被控在瑞士盜竊了60多起藝術品,以及未支付15張違規停車罰單——瑞士人很重視罰單未繳這件事。另一次審判預定晚一點在法國進行,他的母親與安娜—凱瑟琳同被列為被告。在布萊特韋澤行竊的7個國家中,每一國

都有可能對他進行審判,他常想自己是否能再重見自由。第二個耶誕節在監禁中過去了,接著是2003年的元旦。他經常與法院指定的律師尚—克勞德．莫里索德(Jean-Claude Morisod)會面,後者是一位技術嫻熟的律師,他在法律界裡也以愛好藝術著稱。

2003年2月4日星期二早上,在華格納博物館被捕15個月後,布萊特韋澤被押上一輛監獄運輸車。前一天晚上他徹夜緊張不堪,上車時他昏昏沉沉、衣衫襤褸、頭髮也亂糟糟的。

他戴著手銬步出囚車,眼前是一座13世紀的堡壘,花崗岩石塊上開著小窗戶,每個角落都有座砲塔。如今這座堡壘是格呂耶赫刑事法院(Criminal Court of Gruyères)所在地。瑞士有26邦,布萊特韋澤至少在16邦的博物館犯過案;格呂耶赫被選為審判地,是因為他第一次在瑞士犯罪——在安娜─凱瑟琳陪同下去瑞士滑雪途中竊取油畫的地點,就是這裡。

布萊特韋澤走過一座白雪皚皚的橋,越過護城河,進入堡壘。撲面而來的是閃爍的攝影陣仗,震耳欲聾,聽不清楚的大聲發問,他說,那一刻,他真希望自己能穿得更體面,梳理得更好些。進入的法庭有大理石壁爐和粉刷成灰、白兩色的牆壁,莊嚴肅穆。壁爐上方刻著「藝術、科學、商業、富足」的字樣,都是瑞士所崇尚的美德。

他坐在法官的對面。法官戴著長方形眼鏡,鏡片後的眼睛散發出一種令人生畏的嚴肅氣息。法官旁邊是4名陪審員,3名女性和1名男性,似乎都是中年人,他們將與法官一

起決定判決,和有罪的懲罰內容。布萊特韋澤的律師,穿著得體、高雅尊貴,坐在他身後的桌前。法庭加了多張椅子,因應媒體大軍。布萊特韋澤說,他能感覺到房間裡每個人的目光都對準他。法庭程序命令下達了,他的審判開始了。

33

布萊特韋澤的罪行毋庸置疑,他已經在數十份詳細的自白認罪書上簽字。他的律師說,現在有討論空間的是懲處部分。律師認為,布萊特韋澤已在監獄服刑444天,已經夠了,他的當事人應該當庭開釋。律師在庭上說:「布萊特韋澤偷竊使用的是和平手法,甚至可以說很客氣;他不是什麼飛賊,他是名紳士。」律師說他不是霸王硬闖博物館或大肆破壞,除了蘇黎世附近一座城堡的一個玻璃櫃之外,他的客戶對此表示誠摯的歉意和全額賠償。

辯方只傳喚了兩名證人。其中之一裝裱師梅希勒說,當他得知他的朋友是個竊賊時,他震驚異常,但卻能設身處地地替布萊特韋澤設想。他說,與布萊特韋澤成為朋友是一種難得的快樂,他的證詞說:「他有收藏家的靈魂,然而過度熱情沖昏了他的頭。」

梅希勒提到是他自掏腰包前往瑞士,法官指出法院可以實報實銷。梅希勒回答沒有必要,說:「我來是為了我的朋友。」

「我很慚愧讓你失望。」布萊特韋澤在法庭上的座位上說。

「你不必道歉。」梅希勒回答。

193 | 藝術大盜 | The Art Thief

他的父親也出庭作證，感覺自己和布萊特韋澤的母親未好聚好散，以及長期不在兒子身邊，要對兒子的行為負部分責任——儘管兒子在小男孩時期就是一個孤獨的人。他的父親憶及：「他沒有幾個朋友，喜歡獨自一人，參觀博物館或考古遺址。他需要用大師級作品包圍自己我一點也不驚訝。」他的兒子似乎對物的依戀總是多於對人。

布萊特韋澤本人也作證。他淚流滿面地堅稱，為收藏設想一個終局，始終是他心之所欲。他說，古老的藝術品就像時間旅行者，而他的閣樓只是路上的一個中繼站，他的收藏會比他活得更久。他補充說：「我只是他們的臨時保管人。」他計畫把一切都物歸原主——10年、15年或20年之後，這些他暫時代為保管的藝術品可以繼續它們的旅程。

瑞士檢察官反駁：「不要落入那個淚流滿面男孩的陷阱。」他對布萊特韋澤的空想甚為光火，說道：「這是一個危險人物，是社會的威脅，他沒有表現出任何悔意。」檢察官在法庭警告說，一旦有機會，布萊特韋澤會再次偷竊。

布萊特韋澤說不會，他已經萬劫不復了，他說：「偷竊生涯已經結束了，我保證。藝術懲罰我懲罰得已經夠了。」並重複他的終局說：「總有一天，我會把所有東西都歸還原處。」

法官也懷疑，問道：「你以你的名譽發誓？」

布萊特韋澤發誓說絕對是。

他的律師強調，布萊特韋澤說的是：他並不是真的偷；他是借。將藝術品借予小偷的想法似乎很荒誕不經，但哥雅的〈惠靈頓公爵〉1961年在倫敦國家美術館被盜後，英國大律師傑瑞米‧哈欽森（Jeremy Hutchinson）提出了高明的論證。57歲的小偷肯普頓‧邦頓（Kempton Bunton）將這幅畫放在他的公寓4年，然後將這幅畫放在伯明罕（Birmingham）火車站的托運行李辦公室，並自首投案。在他的審判中，邦頓偷畫的罪名得以開脫，偷竊的畫框從未歸還罪名成立，被判在監獄服刑3個月。

1911年，佩魯賈〈蒙娜麗莎〉盜竊案，在他的家鄉義大利落網與受審。他的律師將犯罪描述為美學迷戀與愛國情操的結合。佩魯賈談到〈蒙娜麗莎〉時說：「我愛上了她。」感覺能把這幅肖像帶回家，是自己的榮譽──儘管佩魯賈曾為這幅畫索取現金，就算法國是這幅畫的合法擁有者，這項策略發揮了效用。它寫下史上最大膽藝術犯罪之一，而佩魯賈卻總共只被監禁了7個月又9天。

在這兩起案件中，作品都完好如初收回。他的律師指出，這也是布萊特韋澤所希望的結果：他在監獄度過的時間其實已經超過了偷竊〈威靈頓公爵〉和〈蒙娜麗莎〉二盜的服刑總和。律師說，布萊特韋澤偷得的藏品所淪落的下場是悲慘的，但它們的損毀卻不能委過於布萊特韋澤的破壞。

瑞士檢察官反駁說：「你絕對可以責怪他，如果布萊特韋澤像其他人一樣參觀博物館，

這些作品會仍然好好地留在原處。」檢察官說，任何宣稱布萊特韋澤不是有害罪犯的說法都是荒謬的。布萊特韋澤是歷來最惡毒的藝術竊賊之一。瑞士警方已經記錄、歸類出他竊取藝術品47種不同的手段，7年來，他平均每12天出手一次，他的罪行絕非無辜。檢察官向法庭出示了一疊博物館館長、畫廊老闆和拍賣行的發函，都憤怒萬分，要求賠償。檢察官補充說，布萊特韋澤受到攪擾的心靈可能看不見傷害，但在現實世界中，他破壞了博物館、文化和文明遺產，世上皆是受害者。

琉森市的文化局長被檢方傳喚到法庭上。他頌揚華格納博物館遭竊的號角——布萊特韋澤所竊取的最後一件物品，他說：「這是一件獨特的美麗作品。」它製造於1584年，外層鍍金，數世紀來都受稱頌，就連刻有琉森市徽的肩帶，也具有重要的歷史意義。

號角連同閣樓上的其他數十件作品都尚未找到，只有號角肩帶在水中被發現。號角可能隨水流逐步而去或沉入泥濘中，其他物件可能被倒入尚未被發現的河流或池塘中；布萊特韋澤的母親堅持不透露如何處置的。若干記者指控布萊特韋澤、他母親或安娜—凱瑟琳將之藏匿，但辦案人員從調查所得懷疑這一點，比較可能的結果似乎更為糟糕。大多數木雕也仍然下落不明，布萊特韋澤詢問藏品最後一晚的去處，讓他懷疑木製品藝術也在燒毀格呂耶赫城堡的館長為檢方作證，講述了布萊特韋澤在其博物館中犯下的4起盜竊案。油畫的同一堆火中付諸一炬。

在運河中發現的鍍金壁爐工具已經修復好；一度淪落到路邊溝渠、後來成了警局撞球壓底的掛毯，也同樣得到了修復；但是，兩幅珍貴的油畫已永遠消失了。館長報告說，他已經將博物館的警報系統升級。

瑪麗—克勞德·莫蘭德（Marie-Claude Morand）是瑞士南部瓦萊（Valais）邦馬特洪峰（Matterhorn）附近一間歷史博物館的館長，她談到布萊特韋澤在一次參觀中偷走的兩件物品——一把劍和一個菸草盒；劍從運河裡撈出來了，菸草盒卻找不著了。這個菸草盒是拿破崙委製，知名的法國巧匠尚—巴蒂斯特·伊薩貝（Jean-Baptiste Isabey）繪圖其上。莫蘭德說：「象牙上的粉彩，非常罕見、非常搶手。」1805年，拿破崙在一次盛大的儀式上將盒贈給當時獨立的瓦萊，紀念它與法國的緊密關係。莫蘭德說：「比貨幣價值更重要的還有情感價值，以及藝品與地方之間的關係。」她懇求警方繼續尋找，情緒激動處哽咽難以成言。

就連布萊特韋澤也大吃一驚，低聲說：「對不起，夫人。」

莫蘭德說：「這種盜竊行為是我們未曾防備到的。」她說：「我們不能把我們的博物館變成一個保險箱。我們為公眾服務，不能要求遊客在冬天脫下外套寄存，太不人道了。」她的博物館有4層樓，有2名警衛，「我們沒有預算來僱用更多人。」莫蘭德補充說，布萊特韋澤帶走的第二件物品是一把獵劍，這把劍也是從法國授予瓦萊的，早在拿破崙2百年之

莫蘭德在庭上說，這把17世紀的劍身有浮雕，從劍刃到劍的把柄頭，都是有時代特色的銀製品。

布萊特韋澤從座位上站起來說：「抱歉打斷您，但只有劍刃是17世紀的。化學測試證明握柄與劍身之間的十字護手部分是銀器大師漢斯—彼得・奧理（Hans-Peter Oeri）的19世紀複製品。」

莫蘭德很好奇，問道：「你怎麼知道？」

布萊特韋澤回答：「我讀了一本關於利刃武器的書，然後我去了美術博物館的圖書館，在一本科學期刊上找到一篇描述利劍化學分析的文章。讀後我非常失望。」他提到，博物館牆上的說明標籤將這件作品描述為通體原創是錯誤的，語氣好像他偷了一件有缺陷的作品是博物館的錯。他說：「你知道，身為收藏家，我喜歡我的藏品是完美沒有缺陷的。」

莫蘭德是館長，也是歷史學家和中世紀藝術品專家。她自己研究過這件作品，她也與布萊特韋澤有相同的懷疑，但不知道有公開的證據。莫蘭德說：「我想知道那份出版物的名稱。」就像在學術論壇上同儕對話一樣。

布萊特韋澤提供給她。

對檢察官，布萊特韋澤的魅力一點用都沒有，他在結案陳詞中重擊布萊特韋澤。他讀了布萊特韋澤寄給安娜—凱瑟琳，卻被當局截獲的一封信。布萊特韋澤坦率地寫道：「如

果我沒有被捕,我現在已經得到我的幸福,以及20多件新的藝術作品。」心理治療師施密特在他的報告中說,布萊特韋澤「無法產生內疚感」、「再犯的風險極高」。

瑞士檢察官斷言,像布萊特韋澤這樣的人若是獲准進入公民社會,文明注定滅亡。檢察官要求法院對竊盜重罪判處重刑,布萊特韋澤自己的律師則力爭從寬發落。

法官宣布為期3天的審判結束,交給陪審團去思考如何量刑。

陪審團在2.5個小時內就做出決定。在瑞士法律眼中,小偷如何偷,比偷走什麼更有關係:持槍搶劫棒棒糖,比刀槍不帶地偷走克拉納赫的畫作更糟糕。布萊特韋澤從未訴諸暴力,甚至威脅要傷害,因此法官認為他的罪行僅達單純的盜竊程度,最高得處5年監禁。

陪審團決判定4年徒刑,他已經服刑的1又1/4年包括在內。布萊特韋澤還需賠償巨額罰款,需對博物館和畫廊付出總額數十萬美元的罰款,而非數十億美元。法律觀察家認為這樣的判決溫和適度,但布萊特韋澤卻感覺受騙了。他從警探那裡得到的理解是,他自動認罪,會判的刑期不會超過已服刑的時間,審後即當庭開釋。然而,邁爾及馮德莫爾其實只是暗示、要誘他上鉤,而非保證。當他被押出法庭,前往監獄時,布萊特韋澤遙視旁聽席上的父親,希望得到一些安慰。他看見父親落淚,是他一生第一次看到父親哭泣。

他被關押在瑞士鄉間一個龐大的拘留中心,白天在監獄工作,拆除舊電腦,收回可回收的零組件。他收到微薄的薪資,但賺到的錢都被轉用於支付罰款。他的父親仍然一個月有幾個星期天去看望他。審判中,布萊特韋澤曾抱怨媒體誇大了他偷到的藝術品價值,但

在監獄裡，20億美元這個數字為他贏得了尊敬，所以他就不再對此提出異議。

他的32歲生日過去了，他的第3個耶誕節在獄中度過，然後2004年開始了。他發現了一項他不討厭的運動——乒乓球。他害羞，無法像其他人一樣大夥一起裸體洗澡，就穿著內衣洗。他對刑期和罰款的上訴成立。只要安娜—凱瑟琳來封信，讓他知道她還在那裡，他就會如釋重負，然而隻字全無。

2004年7月13日，在他與安娜—凱瑟琳為了抹去在華格納博物館留下的指紋，前往瑞士將近3年之後，他被押回法國。他坐上囚車，雙手被銬在背後，他說銬得緊入手腕；囚車經過他母親的房子附近，他更為傷感。父親已經告訴他：他母親因為被捕遭到解僱；由於沒有足夠的積蓄，她將有閣樓的房子賣掉，搬進了她年邁雙親的家。

布萊特韋澤被關在斯特拉斯堡附近一個人滿為患的監獄裡，與另外兩名囚犯一起被關在一個蟑螂橫行的牢房裡，牆上還有乾了的糞便。在瑞士，警衛稱他為「布萊特先生」；在法國，他們叫他時高喊他的囚犯號碼。這麼多不堪當中也有一點好消息——即將到來的審判是他的最後一場；其他國家為了節省時間和費用，與法國一起合審。

兩個難過的星期過去了，然後，在沒有預警的情況下，布萊特韋澤又被戴上手銬，被帶出牢房。他上了幾層樓梯，進入負責此案的法國調查員米雪・李斯—夏爾（Michèle Lis-Schaal）的辦公室。有兩名律師在場，安娜—凱瑟琳也赫然在座，他內心立即糾結起來。

他呼喚她,但她不回應,兩眼死死盯著前方,有如機械人。他的手銬被解下,人人各就各位。李斯—夏爾說,她之所以召集這次會議,是因為布萊特韋澤在瑞士和安娜—凱瑟琳在法國向警方提出的口供彼此不符,她想解決這個問題。

但布萊特韋澤幾乎沒在聽;他一心專注安娜—凱瑟琳。他脫口問道:「妳為什麼連半個字都沒有?」

李斯—夏爾代她回答。安娜—凱瑟琳之前一直被禁止與他有任何接觸;若主動接觸,有進監之虞。這時,安娜—凱瑟琳轉過頭來,含情脈脈地看了他一眼,這對他來說簡直是長期繫獄以來上天垂憐的目光;她人還在,情還在。

布萊特韋澤在受邁爾和馮德莫爾偵訊時,用他自己的話來說,對安娜—凱瑟琳的角色一直試圖規避正面回答,表示他前往博物館都有安娜—凱瑟琳陪同,但每次下手偷竊,她都不在身邊,要不就是他不理會她要他停手的請求。然而,在她自己的審訊中,安娜—凱瑟琳是巧言推脫、一概否認。

她對警方說:「我甚至不知道他偷藝術品。」她揚言幾乎從未上過閣樓,「我們待在房子裡其他的房間。」可以證明事實剛好相反的家庭生活影片未受警探重視,未納為證據。

李斯—夏爾難以置信地問道:「兩種說法的版本為何如此不同?」

安娜—凱瑟琳說:「我無法解釋,它是一場真正的大災難。」

李斯─夏爾轉問布萊特韋澤為何說法有出入。

他經過一番思考，心生一計，說道：「這是我的錯。」他記錯了，她說的才是實話。布萊特韋澤說：「安娜─凱瑟琳從來都不是我的幫凶。」兩人甚至很少一起去博物館。

李斯─夏爾聞言用拳拍起桌子，布萊特韋澤立即閉嘴，此後就一直未開口。李斯從不說任何掀安娜─凱瑟琳底的話，他的律師和她的律師也不在乎紀錄要不要修改。李斯─夏爾面對一屋子的騙子，一氣之下把所有人都趕出了她的辦公室。

在走廊裡，布萊特韋澤與安娜─凱瑟琳能夠私下相處片刻，兩人的臉相距只有10幾公分，她的一隻胳膊碰觸到他；也許她會再表愛意，或者感謝他剛剛向調查員陳述的一番說辭；也許他們有親吻的機會。但什麼都來不及做，他就被獄警帶走了。

在他的牢房裡，走廊的那一刻一直在他的腦海中出現，她的氣味縈繞不去。他愛她。這一點他確定，他們相戀10年，他也感覺會再一起更久。這個想法讓他在被監禁的第4個耶誕節心裡能有一點溫暖，一直持續到2005年1月6日他在法國審判開始的那一天。

與在瑞士審判不同的是，雖然手上仍戴著手銬，他穿的是聖羅蘭的灰色西裝、藍色襯衫、未打領帶，進入斯特拉斯堡木鑲板牆的法庭。法庭裡至少有20名新聞攝影記者，爭先恐後要搶一個好位置。他看到了安娜─凱瑟琳，發現父親也在場。他花了比較久的時間才找到他母親。她包著頭巾、戴著墨鏡，低著頭。他希望與她交換一個

眼神，但她沒有抬頭。

安娜—凱瑟琳被叫到證人席；不是要作證，而是發誓只說實話。布萊特韋澤將找尋母親的眼光轉向安娜—凱瑟琳，目視著她。安娜—凱瑟琳說了她的名字和出生日期、背誦住家位址。然後，她又補充了一個直到此刻他才知道的細節：「我有一個19個月大的男孩。」

晴天霹靂，布萊特韋澤感覺有如一顆子彈穿過心臟，心跳停止了。外表看不出他的反應；他無法反應，不能動彈。安娜—凱瑟琳剛才說的話意味著：在他被捕10個月後，她已經懷了別人的孩子。

他的母親是三人中第一個在法國審判中作證的人，她的證詞前後不一。當警方2001年帶著國際搜查令上門時，史滕格爾堅稱兒子從未將藝術品帶到她的閣樓。2002年，當她在警局接受偵訊時，史滕格爾承認銷毀兒子藏匿的大量物品。如今，在2005年的證人席上，史滕格爾說，她之前所說的關於破壞藝術的一切，都是在脅迫下說的，並作證說：她其實並未處理掉任何物品。

史滕格爾發誓從未在兒子的房間看到過油畫。她沒有拆除任何圖片掛鉤或修補任何牆面。她說，兒子住在閣樓時，她沒進去過，因為門總是鎖著，她沒有鑰匙。幾分鐘後，史滕格爾說每當她走進閣樓都感到「厭倦看到所有的作品」。她後來試圖修正自己的說法錯誤，表示她相信一切都是在跳蚤市場上合法購買的。

史滕格爾的說辭矛盾離譜，她也失業了、失去了自己的家：心煩意亂、又怕又氣。然而言語中她也的確透露了另一件事，簡單清楚不過——「我討厭我的兒子。」

法國檢察官忍不住打斷，指史滕格爾的所有言論毫無歉意，他說：「她對文化遺產造

史滕格爾的心理調查報告被收錄為證據。治療安娜─凱瑟琳的治療師雷東多表示，史滕格爾「無情地摧毀了歷史藝術作品，毫無遺憾」，毋庸置疑。史滕格爾完全清楚自己在做什麼。她為什麼不採取簡單、人道和合法的步驟，將作品交給警方？心理醫師雷東多試著釐清道理來。在史滕格爾與她獨生兒子之間強烈佔有欲的母子關係中，有一種愛恨交織的極端混合：史滕格爾渴望在母子之間建立起如同兒子與藝術之間的情深關係。曾經檢查布萊特韋澤的瑞士心理治療師施密特也如此認為。

史滕格爾視藝術為對兒子博感情的情敵，甚至比對他女友更強烈。只要這些藝術品存在，無論是在博物館或閣樓，兒子就是它們的俘虜。因此，當兒子被關、毫無招架之力時，她一舉殲滅對手，而且，雷東多說：「是以一種她知道對他來說極其痛苦的方式來懲罰他。」布萊特韋澤忍不住從座位上站起來為她辯護，大聲說：「冤枉我母親夠了！她對藝術一無所知，根本不知道我偷盜。」布萊特韋澤對母親說恨他的話感到痛苦，但這並沒有改變他對母親的感情。他說：「我的母親對我來說是神聖的。」法官要求他坐下來保持安靜。

史滕格爾的律師幾乎完全避免談藝術，辯護側重她是一個受人敬重的女性：在醫院工

作、照顧兒童,一個人撫養她不懂事的糊塗兒子。她的律師說,對史滕格爾而言,監獄是毫無道理和殘酷的。她受到兒子的傷害,已經是受害者了。史滕格爾忍不住掩面而泣。

律師的刻畫似乎起了一種緩和的平撫作用。儘管史滕格爾被判犯有處理贓物、破壞公共財產的罪名成立——最高可處3年徒刑與巨額罰款,但最終她的刑期不到4個月,並可在父母家服8個月的緩刑,腳踝需綁上追蹤器,每週一到警局報到。

安娜—凱瑟琳穿著黑色長裙,在史滕格爾之後被傳喚作證,她更是加倍矢口否認和他在一起,她每天都感覺自己像是他的人質,「他百般折磨我。」

語音怯懦地說了布萊特韋澤以前從未聽過的話:她從未注意到閣樓有任何文藝復興時期的作品;她從未出現在他的公路旅行中;從未在他的車裡看到過任何藝術品。她說,他們倆幾乎談不上約會過;他們只是認識而已,更像普通朋友。安娜—凱瑟琳說:「他嚇到我了。」

布萊特韋澤聽到這兒,再也忍不住了。他打斷了她的話,咆哮著說,就在他被捕前不久,他們一起去多明尼加度假;行中,他給了她一枚卡地亞戒指;他沒有正式求婚,但他認為兩人已經訂婚了;打算和她共度餘生。然而,布萊特韋澤這時也注意到法庭裡有一個推車,她的小男孩發出咿呀的聲音來。

「背著人生孩子的不是我!」他聲嘶力竭地說。

「我怎麼會想和你生下像你一樣的怪物?」她反駁。法官要求下令維持庭上秩序。

布萊特韋澤察覺，安娜—凱瑟琳也許是第一次在庭上說出了尖刻的真相。她覺得他是可怕的怪物。他想知道她是不是說對了；他不配受到垂憐，但也許她值得。他怒氣消散了。

法國檢察官直接戳破安娜—凱瑟琳的謊言。檢察官說：「她的偽證讓我吃驚。她和他一起到處遊歷歐洲；她毫不猶豫地把風，在盜竊中角色吃重。她協助他、提供意見，她的手提包也是他掩藏戰利品的工具。」

檢察官強調多名目擊者表示看到他們，兩人甚至在偷畫時一起被捕。然而，在一定程度上，由於布萊特韋澤改口的掩護，安娜—凱瑟琳未遭偷盜或湮滅公共財產的罪名起訴，只被控處理贓物。檢察官要求給予2年刑罰。

安娜—凱瑟琳的律師布勞恩以承認檢察官是對的為辯護開場白。布勞恩承認，也許安娜—凱瑟琳提供的證詞中並不完全準確，但對於一個遭受家暴的人來說，這是可以預料到的。布勞恩說：「她受到布萊特韋澤的轄制，苦不堪言。過去生活在恐懼中，如今有了一個孩子，這真的是你想監禁的人嗎？」

在律師嫻熟高明的招式之下，安娜—凱瑟琳可算是全身而退，在監獄裡只度過一個晚上。布勞恩甚至還成功把定罪從她的犯罪紀錄中刪除了，彷彿在她與布萊特韋澤在一起的10年裡什麼都沒發生過一樣。與史滕格爾的境遇不同，安娜—凱瑟琳因此而能夠回到醫院

藝術大盜 | The Art Thief | 208

工作。她也真保住了工作，只是得扣下薪資支付罰款。儘管如此，她還是能夠購買一間兩廳的公寓，為孩子找到托嬰照顧，因為她和孩子的父親已經分道揚鑣了。

布萊特韋澤為他的母親和安娜—凱瑟琳提供了有力的開脫證詞，儘管是不真實的。然而在法國的審判中，無論是母親和前女友，都未能提供有利於他的證詞支援。他被送回監獄服刑2年。

繫獄時，監獄所提供的各種課程—英文、西班牙文、歷史、地理、文學，他幾乎都沒落掉參加。他說，他為自己創造了「公共文士」的角色，為犯人代筆寫信，也留起了山羊鬍。在不到一年的時間裡，2005年7月，他因獄中表現良好而提前獲釋出獄，在中途之家服完刑期。在瑞士和法國他一共被監禁了3年7個月又15天。

如果有工作，他可以在工作日離開中途之家。有人僱用他做伐木工人；他已經很久沒有挑戰自己的體力，就像他有時在博物館施展的身上那樣。而且說也奇怪，他喜歡做樵夫在森林裡砍伐樹木，有如一把電鋸在手的審美專家。

他週末時會去看望父親，也在近4年以來第一次與母親開誠布公。話心事時，他的眼淚奪眶而出，說一切都是他的錯，雖然事實上是他母親所作所為幾乎形同虎毒食子：毀掉他最愛之物，剝奪他的一切，揭發他是小偷。但是在大多數情感關係就會從此一刀兩斷的時刻，他們卻恢復了母子之情。「她親吻我、擁抱我，說她一如既往原諒了我。」他們還一

209 ｜ 藝術大盜 ｜ The Art Thief

摩擦只有在他向母親詢問有關他藝術收藏命運下落的更多細節時才會出現。誰參與其中？其他的扔到哪兒去了？哪些燒毀了，哪些沒有？灰燼在哪裡？他的母親說：「我永遠不會再提這些，永遠都別再問了。」他答應了。

當他從中途之家獲釋時，他租了一間便宜的公寓獨自生活，但房租是母親支付的。冬天來到時伐木工作也結束了，他找到開車送貨、拖地的零工。他的公寓了無生氣，幾乎比監獄好不到哪兒去，而且有些方面更糟。現在他可以自由地展示他想要的藝術，卻什麼都沒有，痛楚更深。他感覺自己好像在偷竊中精彩活過百次人生，而如今34歲，卻老朽不堪，一蹶不起。

根據3年緩刑的條款，布萊特韋澤不得參觀博物館或其他藝術展場，也不得與安娜—凱瑟琳聯繫。但是他沒有其他人可以交談，也拒絕去看治療師。他說，他感到「失落迷惘、飄泊無依」；他找到她的新位址，2005年10月，他在給她的一封信中吐露心聲。

他寫道：「我快要崩潰了。我想再見到妳，我們見個面吧。」還說，「我知道妳也過得不好。我知道這對我們倆都有好處。」他的母親可以照顧她們一起去散步、呼吸新鮮空氣。

結果回信是假釋官寫的。收到信後，安娜—凱瑟琳報警。由於違反緩刑規定，布萊特

韋澤被關回監獄15天。在他的牢房裡，他怒不可遏，有如「一頭被關進牢籠的獅子」；他狠狠地向窗戶揮拳，打碎了玻璃，割破一個指關節。追求自己情之所鍾，無論是安娜—凱瑟琳或藝術，悲傷卻如火上加油，他心想，如今唯一的生存方式就是獨自躲在公寓裡。他手上的傷口需要縫針，他們兩人的關係終於結束了，在他身上留下的是一道永遠的疤痕。

協助安娜—凱瑟琳避免牢獄之災的律師布勞恩說：「布萊特韋澤永遠是她生命中的大悲劇，但事情到此為止。」布勞恩與安娜—凱瑟琳一起工作了數週，為她的審判做準備，他經常問及她與布萊特韋澤兩人獨處的時刻與閣樓上的藝術品。安娜—凱瑟琳口中的布萊特韋澤永遠脾氣暴躁，通常不易相處。布勞恩說：「現在她只想自己安靜過日子，把布萊特韋澤拋諸腦後。」

安靜過日子部分，她做到了。她的公寓位於默路斯郊外安靜的村莊，公寓的售價大約相當於10萬美元，她申請了22年抵押貸款。安娜—凱瑟琳的新家，以及她父母的住所，都被警方搜查過；兩處都沒有找到任何遭竊的藝術品。她從未出現在電視上講述她的故事，顯然不想藉此獲得美名或臭名。據瞭解，她沒有再與布萊特韋澤或他母親聯繫過，也沒有結婚或再生孩子。

安娜—凱瑟琳性格內向，與布萊特韋澤沒有太大區別，兩個人躲躲藏藏這麼多年之後，

36

藝術大盜 | The Art Thief | 212

她的後閣樓人生似乎也沒兩樣。布勞恩相信她已經找到了平靜和幸福。

從1991年兩人都是20歲時在一個生日派對上第一次見面，到2005年布萊特韋澤給她的假釋信，中間將近15年他們一起度過青春歲月。他們在歐洲各地的小路上開車，閣樓間裝滿了財富；布萊特韋澤淪為囚犯，她卻幾乎完全沒事、走人，近乎奇蹟。真正的鴛鴦大盜邦妮和克萊德在美國路易斯安納州（Louisiana）的槍戰中喪生，死時分別是23歲和25歲。

布勞恩說：「安娜－凱瑟琳只想翻開人生的新篇章，一次而永遠地忘掉過去。」

她曾把文藝復興時期的銀器堆放在廉價酒店房間的床邊櫃上；曾經錢包裡裝著一件珍貴的藝術傑作，還正經地在博物館咖啡館吃飯。她看過黎明時分的蒙聖米樹山（Mont Saint-Michel）、阿爾卑斯山的日落、夏特大教堂（Charrres Cathedral）的彩繪玻璃窗。她曾經手裡拿著一個沒有裝裱的克拉納赫名作、一幅布勒哲爾的作品，還有〈亞當夏娃〉牙雕。她愛上了一個小偷，曾在很多博物館裡盯著很多警衛把風；她參與了全球最瘋狂的藝術盜竊行動之一；曾住在阿里巴巴大盜的洞窟中，睡在一張四柱床上。安娜－凱瑟琳不會證實這一點，但這一切何嘗能夠忘掉？只是避開了鎂光燈。

213 | 藝術大盜 | The Art Thief

「我不認為他真的愛我。」安娜—凱瑟琳在接受瑞士警探馮德莫爾偵訊時這樣說;「對他來說,我只是個物件。」布萊特韋澤堅持認為安娜—凱瑟琳實際上不是這麼想的;她清楚自己真心愛她,前番話只是在壓力下說的,要不就是為了要左右警方調查人員的想法。然而,在2005年末,在給安娜—凱瑟琳寫最後一封信懇求重聚被拒後不久,布萊特韋澤似乎也另外有了心上人。

他母親的一個朋友把他介紹給史蒂芬妮·曼金（Stéphanie Mangin）。她與安娜—凱瑟琳做的是一樣的護佐工作——儘管不是在同一家醫院。兩人長得也像,都屬身材嬌小、淺色頭髮。布萊特韋澤說,他初次見到曼金,就像他第一次見到安娜—凱瑟琳時一樣,立即有強烈的好感。他說,他們就像一對舞者一樣匹配登對,連兩人的名字都成雙成對——「史蒂芬和史蒂芬妮,佳偶天成」。在安娜—凱瑟琳拒絕與他往來,他打破牢房的窗戶後一個月,布萊特韋澤搬進了史蒂芬妮在斯特拉斯堡的公寓。

「她是我的磐石,我的愛人,是我生命中唯一必不可少的東西。」布萊特韋澤談到史蒂

芬妮時這樣說，這是他一段時間以來第一次帶著滿懷希望看未來。

他還獲得一筆超過10萬美元的意外之財；他同意一家法國出版公司的採訪安排，讓一位影子寫手來採訪他10天，之後，代筆繪聲繪影寫了大盜布萊特韋澤的故事。書封上的作者是布萊特韋澤，還附有一張他瀟灑的照片——一雙藍眼澄澈迷人。布萊特韋澤希望《一個藝術竊賊的自白》（Confessions of an Art Thief）法文版和德文版的發行與隨之而來的宣傳，能讓他翻轉人生。

他在書的最後幾章中概述他的計畫，希望將自己定位為藝術安全顧問，就像電腦駭客搖身變為對付網路犯罪的專家一樣。他會向他客戶建議簡單而經濟的安全升級，他心目中的客戶包括博物館、畫廊和收藏家；他會指導如何更換過時的展櫃、展品插入行動感測器，以及安裝將畫作固定在牆上的支架。有了《自白》的版稅，布萊特韋澤想，加上預付款，以及他提供的諮詢服務若有廣泛的需求，他便能夠償付罰款，並在保釋官允許的藝術世界裡，建立起一項受人尊敬的事業。

「我對藝術的熱情可以養活我過日子。我了解藝術，也瞭解安全問題。我準備協助任何一家及所有的機構。」布萊特韋澤說希望現在他能夠為社會效力，打算給史蒂芬妮大買特買禮物；他也把這本書獻給史蒂芬妮。他感覺，他的生活終於開始有模有樣了；他的巴黎出版公司給他買了一張機票，讓他從斯特拉斯堡飛來，這樣他就不用開車了。出版商想會

見他，討論他的宣傳之旅。他終於獲得了敬重，是個人物，這是他一直渴望感受到的。也許他們會拍一部關於他的電影。

2006年6月29日他降落在巴黎奧利（Orly）機場，口袋裡有書商優渥的訂金。隨著史蒂芬妮生日的臨近，他在離開機場途中，特別在一家服裝精品店停留。他一直在思考他的安全顧問工作，他說，「兩秒鐘」後他就發現這家精品店安全防護甚差；沒有監視器、警衛沒幾個，一種奇怪的本能蠢蠢欲動，是他的「肌肉記憶」，他為史蒂芬妮挑選了一條白色的凱文克萊（Calvin Klein）長褲，和一件法國設計師索尼亞·里基爾（Sonia Rykiel）設計的T恤，把它們塞進了他的隨身包裡，走出精品店。

然後他又想，如能在他的巡迴打書的行程中穿上新衣服，該有多好；還有要送給父親一份禮物，感謝他在過去艱苦幾年裡的支援。於是離開精品店還不到一分鐘，他又轉身回去；他又挑選了7件總共價值大約1千美元的衣服，然後再次離開。他前往計程車站，準備叫車前往出版公司會面洽談。

布萊特韋澤沒能準確算出精品店裡的保全人數。精品店與幾乎所有博物館都不同，保全都是便衣。他失算了。保全快步衝出精品店，撲向他，給他戴上手銬，交給了巴黎警察。

在被拘留期間，他的出版商擔心布萊特韋澤不見蹤影之餘，聯繫了他母親。史滕格爾驚慌失措，開始打電話給各家醫院。他父親和史蒂芬妮也拚命尋找。布萊特韋澤被警方拘留了

一夜,與外界全然無法聯繫,他說:「對自己很生氣、非常羞愧。」

一旦真相浮出水面,他的父親就給他發簡訊,大發雷霆,說道:「你真的一點事都不懂!」不久之後,他開始推拖他們原定的會面;接下來,他退出了兒子的生活圈。裝裱師梅希勒曾在法庭上支持布萊特韋澤,一度以為他的偷竊生涯已經畫上句點,也對他說:「我感到受騙了。」兩人的友誼也結束了。

他的母親一如往常,原諒了他。他答應繼續看治療師時,史蒂芬妮也陪著他。偷竊衣物的法律後果很小:拘留一夜,在阿爾薩斯從事為期3週的社區服務、清潔市府倉庫。他不必退還出版商任何錢,但他原定2006年10月推出的新書發表會毀了;幾乎所有宣傳迎來的都是嘲諷和負面的。一名評論家在電視脫口秀節目中說:「這是一名魯蛇的胡說八道。」除了他之外,人人都把他能做為顧問的想法當成一個笑話。

布萊特韋澤在瑞士和法國的審判,法國藝術記者文森特・諾斯(Vincent Noce)都曾列席,他根據自己的追蹤調查,就此案寫成《自私的收藏》(The Selfish Collection)出版了德文版和法文版,筆下毫不留情。他懷疑布萊特韋澤所說的幾乎句句不實,認為即使是他自己所謂的對藝術的敏感,也可能是一種掩護自己不光榮行為的障眼法。諾斯說:「他一生想做的就是要向他母親證明他是一個有頭有臉的重要人物。」諾斯還懷疑布萊特韋澤是否真的喜歡文藝復興時期的藝術品,抑或這些物品只是最容易偷到手的。諾斯也把布萊特韋澤的

罪行形容為「自納粹以來最大的藝術掠奪」。

布萊特韋澤對諾斯的說法極為光火，給他發了一封信，說他已經要他在獄中結識的若干俄羅斯黑幫去找他算帳。這個不顧前後的魯莽言論成為諾斯書宣傳的一部分，似乎支持了諾斯書中的論點——布萊特韋澤是一個精神不穩定的騙子和混混，沒有博物館向布萊特韋澤尋求安全諮詢。

他敗陣而退，渾身受創、士氣低落，回到了史蒂芬妮的公寓。他錯失了救贖的機會，以他的犯罪背景，他甚至很難找到一份最低薪資的工作。能夠找到的一項是在週日打掃餐館的廁所。他被人認出來的機會日益頻繁，當街被人猛盯，他開始穿戴昔日的偽裝。接下來就是幾乎足不出戶。他認為史蒂芬妮家的四牆淒慘悲涼，叫人喪氣，卻又幾乎無能為力減輕自己的痛苦。他仍然與史蒂芬妮在一起，但黑暗和憂鬱情緒又回來了。世界一文不值，無人懂得欣賞美，而很快的一切又都炸鍋了。

2009年11月，他開著母親給他買的車開車去比利時，布魯塞爾附近正在舉辦古董展。他看到了一幅冬季風景銅畫，是小布勒哲爾（Pieter Brueghel the Younger）18世紀的創作，估價超過5千萬美元。展會當晚即將結束，展臺上的員工正在整理。他甚至沒有試圖阻止自己，瞬間手到擒來，新的布勒哲爾與他的新女友！現在他希望他能夠再次心情好起來。他果然神清氣爽！他把新到手的布勒哲爾掛在史蒂芬妮公寓的臥室裡，他說，他喜悅

藝術大盜 | The Art Thief | 218

油然而升,沒有擔心或是內疚。他可以呼吸!他還活著!他真希望自己再早點偷竊。他說:「一件漂亮的作品,讓一切都變得不同。」

布萊特韋澤允許進入他生活的少數幾個人——他的母親、他的父親、他的外祖父母、梅希勒、安娜─凱瑟琳——都以奇怪的寬容方式來回應他的盜竊,幾乎是要認可對於像他這樣的藝術痴來說,偷竊是可以接受的。諾斯說:「這個群體中沒有父母的角色;從來沒有人對他說過,『你必須停下來,你必須歸還作品,你必須表現得像個成年人』,我認為這是他出問題癥結的一環。」

絕大多數人不會原諒偷竊藝術品,布萊特韋澤可能已經忘記了這一點。事實證明,史蒂芬妮也不像安娜─凱瑟琳。當布萊特韋澤告訴史蒂芬妮他是如何取得布勒哲爾的作品時,她的反應並不是很好。現在她的牆上掛著一幅畫,是一個剛從監獄釋放的知名藝術品竊賊偷來的,而她成了幫兇。他膽敢如此,至少讓史蒂芬妮如夢初醒:他是不會改變的。

史蒂芬妮當下決定與布萊特韋澤一刀兩斷,將他掃地出門。不過這麼做之前,她用手機拍下了這幅畫的照片。她把這張照片拿給警方看,警察在斯特拉斯堡的一個出租屋裡追索到布萊特韋澤和偷來的布勒哲爾名畫,他再次鋃鐺入獄。

又一次的審判、又一次的有罪判決，再經身陷囹圄、假釋緩刑一次的過程，一直到2015年，布萊特韋澤才從司法刑罰系統的桎梏中脫身。出獄時他已經44歲，眼尾爬滿細紋、髮際線退後。他那一點點為數不多的資產，包括他母親花錢買的車，全都沒收了；他主要銀行帳戶餘額為5.52歐元（約6美元）；即使他有錢，因為犯罪紀錄在身，他也無法拿到租約。

仍是母親出面、出錢，簽了租約，在他外祖父母農舍附近租到一個小小的地方。有時她會帶著日用雜貨過來，把食物放進他的冰箱。史滕格爾照顧農舍和顧自己的母親；童年時曾經領著他去探險挖寶，用拐杖指揮何處與如何挖掘的那一位，已經去世了。史滕格爾又給兒子買了一輛車，布萊特韋澤大部分時間會開車去農舍吃午飯，要不就是一整天不吃東西。他唯一的收入是政府的救濟金，也必須每月象徵性地扣除50多美元，慢慢償付他最初審判必須清償的罰款。

「我只想開車去山上，一個人走路。」他說；他會走到堡壘廢墟、採蘑菇、看電影，在

兩部片子之間躲進廁所，用一張票看上兩部電影。他已不再看書了，「我對什麼都不再感興趣，我多少是放棄了。」

在他的公寓裡，他掛了一幅加框的複製品——他24歲生日那天，趁他母親在外面遛狗時，與安娜－凱瑟琳在德國城堡偷來的克拉納赫的〈克萊沃的希比爾〉原作的真實尺寸，這是公主肖像的複本。

他說〈希比爾〉肖像和〈亞當夏娃〉牙雕是他最喜歡的兩件藝術品。然而，希比爾的複製品也有些困擾他，會挑起他對在火中殞滅的真品的想念。他揚言不再去博物館了，「太多的回憶，我也不想驚醒古老的惡魔。」

如今他與藝術界剩下的關聯是透過拍賣目錄。這些目錄他每週都會看一遍，巴望他失去的某件作品名稱能夠出現在上頭，與他不期而遇。在水中和其他地方找回的所有藝術贓品，假設所有油畫和木製藝術品都付之一炬，算起來也大約還有80件贓品去向不明，其中一半是銀器。這些作品也都還在國際失竊藝術品的資料庫裡列檔，一度被他據為己有的繪畫和木雕、木件也是如此。沒有人發現灰燼堆或殘餘物，2001年後就沒有人看到任何相關的繪畫或雕刻。

這一切作品的相關盜竊訴訟時效已經屆滿，然而儘管如此，當談到這80件作品的最後安息之地時，他母親仍然守口如瓶，是一座滴水不漏、無法攻堅的堡壘。布萊特韋澤相信

「她會把這個祕密帶進她的墳墓」。

她的前男友,即使他知道什麼,也諱莫如深。兩人已經分手,是不是與藝術大滅跡之夜有關,外人不清楚。布萊特韋澤從未發現任何失蹤藝術品出現在拍賣市場,警方也是如此。

他認為,解開這80件下落不明的作品去向的關鍵,可能握在安娜─凱瑟琳的手裡。布萊特韋澤的公寓裡沒有網際網路服務,但農舍有;在那裡,他找到了安娜─凱瑟琳的臉書,知道她在工作和撫養兒子。他只想再見她一次。然而這一次,他做了明智的決定,不去打擾她;他沒有傳訊息給她,也刪除了自己的帳號。自從2005年寄出兩人之間最後一封信以來,他就沒有聯繫過安娜─凱瑟琳,也沒有證據證明不是如此。對此,他聳聳肩說:「有些事情必須神祕。」

2015年到2016年,他浪費了一年多的時間,沒有收入,也沒有賺錢的前景。他說:「我把自己封閉起來。」最後,他接受自己只擅長一件事的事實,這種體認讓他立即感到自由。他開始了阿爾薩斯博物館自駕遊——他還沒在那裡下手過。在位於斯特拉斯堡北的考古之家(House of Archaeology),他把5枚西元3、4世紀的羅馬硬幣塞進口袋裡,也順手牽了一枚帶有珍珠吊飾的金銀絲細耳環;在附近的水晶博物館(Crystal Museum),他拿走幾個紙鎮。在斯特拉斯堡以南的另一家博物館,他帶走一件精美的鑲嵌木刻,鑲嵌

著櫟木、紅木和冷杉的木製藝術品上描繪的是特洛伊戰爭的場景;他從鄰近的法國村莊偷走一些東西,在德國偷得更多。

這些都不是他愛的作品。布萊特韋澤說:「我偷,是因為很容易下手。」另一個原因——「我需要錢。」他透過農舍的網絡,在eBay等拍賣網站銷贓,全都使用假名。他把拍到的相當於幾萬美金的錢,在被強制扣款動作前,火速從銀行帳戶領現,這是他在監獄裡學到的技巧。

也許他所有的情報顧問都在坐牢是有原因的。一位謹慎的買家向法國藝術警察通風報信,通知他們可能有被盜藝術品出售。警方對布萊特韋澤的警惕始終未曾放鬆,也一度竊聽他的手機,監視他的銀行動態和網際網路使用方式。最終,他的伎倆真相大白:布萊特韋澤已經變得像其他所有藝術慣竊一樣。2019年2月,警方突襲布萊特韋澤的公寓,將其逮捕。他入獄在獄中等待審判,然後在新冠病毒大流行時居家監禁。

近年歐美通過新法,盜竊藝術和文化遺產的行為遭到的懲處更為嚴厲。隨著這些新法規的出爐,針對布萊特韋澤最近的藝術品盜竊與出售贓物,監禁或緩刑可能會一直持續到他近60歲。他說,他不認為自己會結婚或生兒育女,「我可能只會去掃街。」

不過,在他2019年被捕前幾個月,他再次經歷他人生中一次極震撼的藝術接觸。他瞥見比利時魯本斯故居的說明小冊——沒錯,他仍然有根深柢固的瀏覽說明書冊的習性;

223 | 藝術大盜 | The Art Thief

他不想偷看這本說明冊,但又確實想看一眼。那是〈亞當夏娃〉的一張小照,顯然它又回到了展覽中。他全人為之震撼,欲拒還迎;一如以往,影像在腦筋裡縈繞不去。

他開了5個小時的車來到安特衛普。他按一貫的風格偽裝,戴上棒球帽和眼鏡,用現金買了一張票。21年來他首次重返魯本斯故居;一切大致如舊,就好像時間被壓縮了一樣。他穿過魯本斯以前的廚房和起居區,來到後面的一個小畫廊。他注意到壓克力展示罩比以前更堅固,博物館裡有更多的監視器、更多的警衛。

他雙手放在膝上、身體前傾,鼻子幾乎碰到展示櫃,端詳著象牙雕刻。〈亞當夏娃〉雖在運河裡待了一段時間,然而看起來並沒有什麼磨損;蛇仍然凶險地盤繞在知識樹上,第一對受造之人之間的兩情相悅再明顯不過。夏娃的頭髮沿背垂落。布萊特韋澤睜大了眼睛、額頭緊鎖,覺得自己好像在目睹一個死去的人活過來;多年來,他曾經從他的四柱床伸出手來撫摸〈亞當夏娃〉。他不想在畫廊裡失控,因而匆匆離開展廳,走到博物館的中庭。

中庭非常很安靜,只有幾個人;溫暖的空氣洋溢其間,春天已經來了。布萊特韋澤就在蒼白的鵝卵石上步履踉蹌;牆上的紫藤開始發芽了,他上一次來到這個院落,象牙雕刻就藏在他的外套下面;這一次,淚水順著他的兩頰滑落;他哀悼他失去的歲月——不是他偷竊之時,而是在他停手之後。他說,事後看來,他現在才意識到他當時不可能知道的事情:他之前參觀這間博物館時,可能刻畫下他生命的巔峰。再也沒有比和安娜——凱瑟琳一起開

車回家更美妙的時刻了;車窗放下,牙雕在後車箱裡,兩人都風華正茂,奏凱而歸。

布萊特韋澤說,過去當他懶洋洋地躺在四柱床上時,有時會想像他生命的最後一刻——四圍全是他收藏的藝術品,在一個充滿美感的房間裡,呼吸著最後的氣息;他會離開,他的藏品——他一直認為它們是他的——會長存。但是他操之過切,最終他的母親在阿爾薩斯的樹林裡一把火燒之殆盡。他說:「我曾是宇宙的主人;現在我什麼都不是。」

他穿過了禮品店,走向魯本斯故居出口;禮品店有博物館經典藏品小冊出售,在這本小冊中,除了幾段講述牙雕被盜和歸還的段落外,還有一張〈亞當夏娃〉的整頁照片;也許他可以把它裱起來;也許這張照片不會困擾他。布萊特韋澤沒有現金,沒有工作;為了開車來這裡,他接受了母親給的汽油錢。出於老習慣,他記下了禮品店收銀員、警衛和顧客的方位,他檢查是否有任何監視器。都沒有;然後他拿起了一本4美元的小冊子,走出門外。

感謝
MERCI

- 我的羅浮宮：
吉兒・巴克・芬克爾（Jill Barker Finkel）

- 我的小龐畢度：
菲比・芬克爾（Phoebe Finkel）、貝克特・芬克爾（Beckett Finkel）、艾利克斯・芬克爾（Alix Finkel）

- 藏珍閣化身：
史蒂芬・布萊特韋澤（Stéphane Breitwieser）

● 藝評、策展…

安德魯・米勒（Andrew Miller）、司徒・柯理契夫斯基（Stuart Krichevsky）、保羅・普林斯（Paul Prince）、蓋瑞・帕克（Gary Parker）

● 藝術鑑賞家、收藏家、美學家…

蓋瑞・帕克（Bill Magill）、麥克・索塔克（Mike Sottak）、伊安・泰勒（Ian Taylor）、傑弗瑞・加尼翁（Geoffrey Gagnon）、勞倫斯・布萊（Laurence Bry）、金・哈珀（Jeanne Harper）、亞當・柯恩（Adam Cohen）、蕊秋・艾爾森（Rachel Elson）、布萊恩・懷特洛（Brian Whitlock）、艾比・艾林（Abby Ellin）、黛安娜・芬克爾（Diana Finkel）、麥可・班諾斯特（Michael Benoist）、萊恩・韋斯特（Ryan West）、班・伍貝克（Ben Woodbeck）、賴瑞・史密斯（Larry Smith）、藍道・藍恩（Randall Lane）、艾倫・夏瓦茲（Alan Schwarz）、馬克・米勒（Mark Miller）、保羅・芬克爾（Paul Finkel）、萊利・波蘭登（Riley Blanton）、洛雲・海蘭（Lorraine Hyland）、提艾拉・夏馬（Tiara Sharma）、撒拉・紐（Sara New）、奇普・基德（Chip Kidd）、艾米莉・墨菲（Emily Murphy）、保羅・褒加（Paul Bogaards）、馬利亞・馬塞（Maria Massey）、克里斯滕・比爾斯（Kristen Bearse）、勞拉・烏瑟曼（Laura

● 早期印象派⋯

諾斯（Vincent Noce）、莫里索德（Jean-Claude Morisod）、馮德莫爾（Alexandre Von der Mühll）、邁爾（Roland Meier）、查尼（Noah Charney）、布勞恩（Eric Braun）、弗雷查德（Raphaël Fréchard）、施韋澤（Daniel Schweizer）、克里斯蒂‧艾琳森（Kristine Ellingsen）、湯普森（Erin Thompson）、卡奇尼克（Natalie Kacinik）、馬特‧布朗（Matt Browne）、拉德克利夫（Julian Radcliffe）、布魯姆（Genia Blum）、德沙祖內斯（Yves de Chazournes）、卡芮耶（Anne Carrière）、瑪麗安‧瓦爾（Marion Wahl）、安潔雅‧赫茲曼（Andrea Horstmann）

● 繆思、顛覆傳統、挑戰窠臼者⋯

東尼‧索塔克（Toni Sottak）、克里斯‧安德森（Chris Anderson）、瑪麗安‧杜蘭（Marion Durand）、達達‧莫拉比亞（Dada Morabia）、艾迪‧布克曼（Adi Bukman）、福理茲‧布克

Usselman）、馬利亞‧卡瑞拉（Maria Carella）、凱西‧奧利根（Kathy Hourigan）、艾米利亞‧菲利浦（Aemilia Phillips）、安‧艾成包姆（Anne Achenbaum）、珍妮‧包奇（Jenny Pouech）、桑尼‧梅塔（Sonny Mehta）、理根‧亞瑟（Reagan Arthur）

曼（Frits Bukman）、巴比・斯莫爾（Bobby Small）、貝絲・夏福德（Beth Ann Shepherd）、克里斯托弗・馬拉托斯（Christopher Maratos）、辛迪・史都華（Cindy Stewart）、萊恩・史都華（Ryan Stewart）、鄧格・施尼茲潘（Doug Schnitzspahn）、蓋里・霍華德（Gary Howard）、雷斯利・霍華德（Leslie Howard）、提利・帕克（Tilly Parker）、約翰・博思（John Byorth）、布萊特・克萊恩（Brett Cline）、克里斯托弗・尼爾（Kristof Neel）、亞瑟・戈法蘭（Arthur Goldfrank）、塔拉・戈法蘭（Tara Goldfrank）、HJ・施密特（HJ Schmidt）、朱莉・巴蘭格（Julie Barranger）、穆罕默德・艾寶華（Mohamed El-Bouarfaoui）、派蒂・韋斯特（Patty West）、芭芭拉・施特勞斯（Barbara Strauss）、提姆・湯瑪斯（Tim Thomas）、司考特・湯普森（Scott Thompson）、麥克斯・李徹爾（Max Reichel）、凱特・羅爾（Kate Roehl）、梅希勒（Christian Meichler）

採訪後記
A NOTE ON THE REPORTING

為要了解布萊特韋澤一生的故事，我斷斷續續花了10多年的時間。2012年，我第一次要求採訪他；我透過出版《一個藝術竊賊的自白》的公司，寫了一封信給他；當時布萊特韋澤已經6年未曾接觸過記者，也未接受過美國媒體人的採訪。

2年多過去了，他回覆我一張簡短便條，是用藍色墨水寫的，問我想知道關於他什麼事情。在我們書信往返期間，我和妻子吉爾（Jill）以及我們的3個孩子從美國蒙大拿州的山區搬到了法國南部；這是我的畢生夢想，與寫布萊特韋澤無關，而是要沉浸在另一種文化和語言之中。布萊特韋澤的回信寄到了蒙大拿州，後來信件又在大西洋漂洋過海，被一位替我收郵件的朋友轉寄到我們的法國地址。布萊特韋澤和我繼而短箋來往，我們交談的語氣變得越來越愉快和熟稔。

2017年5月，在我寄出第一封信4年半後，布萊特韋澤終於同意和我一起共進午餐──儘管只是自我介紹性的閒聊，我沒有帶筆記本或使用錄音機。我搭高鐵從馬賽坐了

4個小時的車，北上來到斯特拉斯堡。然後我們租了一輛車，開車穿過阿爾薩斯美不勝收的綠色丘陵，一路把從沿途農場攤位買來的櫻桃當作零食來吃，來到了古老的羅馬小鎮沙溫（Saverne）。在布萊特韋澤的建議下，我們在卡茲酒館（Taverne Katz）見面。這是一家寫滿歲月痕跡的半木造阿爾薩斯風餐廳，建於1605年，餐廳裡充滿了當地藝術。我們用法語互相交談。

萊特韋澤起初很安靜、拘謹。他提到鄰桌的人可能會聽到我們的談話，因此我們只談一些無關大雅的話題，例如他最喜歡的當地健行步道、我之前寫過的人，以及彼此喜歡的電影。但是，在一頓幾小時的午餐——傳統的阿爾薩斯白酒馬鈴薯燉肉及幾杯可口可樂下肚之後——我從來沒見過布萊特韋澤喝過酒，他的話匣子打開了，也終於同意接受我一系列正式訪談。為了保護隱私起見，布萊特韋澤提議我們在我訂的酒店房間裡交談。

每次布萊特韋澤進入我的酒店房間，他都會先檢視牆上的藝術品；他會站在靠近作品的地方，睜大眼睛、緊皺額頭——一個我後來變得非常熟悉的表情。布萊特韋澤對自己過去犯罪的細節有著天才一般的記憶，無師自通的藝術知識也令人刮目相看。

有次他看到我房間裡的一幅未落款的彩色塗鴉，說：「這是丁格利（Tinguely）複製品。」他皺起鼻子，說：「不是我喜歡的風格。」

由於名字陌生，我打開筆記型電腦搜尋，確定他是對的。丁格利是一位20世紀的瑞士

藝術家，以動態雕塑最著名。我關掉電腦，把它擱在酒店房間的桌子上，在需要查找其他東西備用，然後開始訪談對話。房間很小，只有一把椅子，布萊特韋澤坐在椅子上面，我則把行李架當凳子，桌子就在我們之間。

我比較喜歡在訪問時保持眼神交流，用我的錄音機來記錄對話，但我也會拿筆做筆記，記下手勢和臉部表情等非語言的反應。布萊特韋澤如何能在人靠近他時還能迅速施展妙手，我不太能理解，就提出一連串提問。答問之間，他突然停下，說：「你看到了嗎？」

「看到什麼？」我問。

「我剛才做了什麼。」

「沒有，沒看到。你做了什麼？」

「你每個地方都看看。」

我狹窄的酒店房間裡似乎沒有什麼不對勁。我終於說：「對不起，我什麼都沒發現。」

布萊特韋澤從椅子上站起來，轉過身來。他解開鈕扣，掀起襯衫，在他背後的腰間部分塞入他褲腰的，正是我的筆記型電腦；在我低頭記下一條筆記的瞬間，他將它取走了，而我卻根本來不及注意到它失蹤了。他偷竊的高超能力，我總算見識到了，而且過目難忘。

在一共 3 次的多日訪問中，布萊特韋澤和我總共同室共處大約 40 個小時，包括坐下來採訪、參觀他曾經下手偷竊的博物館和教堂、長途步行，以及 2 次全天公路旅行。此外，

2023年我也旁聽了他最近一次因銷售藝術贓品而需面對的審判——這時距我寄給他的第一封信已經11個年頭過去了。2018年3月，我還陪同他驅車前往比利時的魯本斯故居，往返8百多公里；在那裡，在他用他母親給他的汽油錢開車到魯本斯故居；在初次犯案21年之後，他再次見到〈亞當夏娃〉牙雕；他從魯本斯故居的禮品店順手帶走一本博物館出版的小冊子，當時我也在場。

那次開車前往比利時的路上，我們在高速公路休息站停下來上廁所。男廁入口處有一個旋轉的十字閘門，進去要7角美金；還不到1美元，但需要數目剛剛好的零錢才進得去。休息區很忙，人來人往，我掏口袋，想看看能不能找到剛好那麼多的硬幣，而布萊特韋澤已抓好時機，身手矯健地穿過閘門，出現在另一邊；動作快如電光石火，姿勢妙如芭蕾舞步，除了我，似乎沒有人注意到。

布萊特韋澤轉身回頭看著我，示意我跟著從旋轉閘門溜過去；我想照做，但感覺自己會被卡住，或者會出岔子鬧笑話，或者會在試圖逃票混進休息區廁所的半途中被逮個正著。我根本沒有勇氣去嘗試，也幾乎無法理解在博物館裡有人會以此以身試法，因為風險高太多了。我也沒有剛剛好的硬幣，於是我在布萊特韋澤上廁所之際，走到小吃店的收銀檯去換錢。

儘管我多次提出要求，但始終無法與布萊特韋澤的母親史滕格爾談上話——儘管布萊

特韋澤告訴我，母親的默許，是我們兩個能夠晤面的唯一原因。史滕格爾曾經讀過我以前一本書的法文譯本，布萊特韋澤告訴我：「她很喜歡。她對記者非常有戒心，但你留下了好印象。」史滕格爾告訴她兒子不反對他跟我談。

安娜─凱瑟琳也沒有跟我談過話，對我寄給她的3封信，也一封都沒有回覆過。少數認識她的人倒是接受了我的採訪；她的律師布勞恩跟我無拘無束地聊了幾個小時，也曾半開玩笑地告訴我，布萊特韋澤拿走魯本斯故居的一本小冊子時我在現場，所以我也犯了同謀罪，可能會被起訴。

史滕格爾的律師拉斐爾‧弗雷查德（Raphaël Fréchard）願意與我談。我穿越瑞士全境採訪，馬不停蹄，緊湊有如布萊特韋澤和安娜─凱瑟琳的偷竊頻繁；我花了一天的時間與布萊特韋澤瑞士審判的代表律師莫里索德在一起，莫里索德也允許我借閱幾箱詳細的審判資料。

邁爾與馮德莫爾都是瑞士警察，他們誘出了布萊特韋澤的所有供詞，兩人都接受了我的深度訪談。馮德莫爾還把他取得的亞歷福雷爾博物館的監視畫面給我看，我看到布萊特韋澤在安娜─凱瑟琳把風時拆下了30顆螺絲，偷走了一個盤子。

法國藝術記者諾斯2005年就布萊特韋澤生平事蹟寫成《自私的收藏》，也與我談了幾次，慷慨提供他收集的材料讓我參考。我還與伊夫‧德沙祖內斯（Yves de Chazournes）

交談，他是《一個藝術竊賊的自白》的代筆人，生動地向我描述他整整10天聆聽布萊特韋澤傳奇故事的感受。布萊特韋澤的書籍編輯安娜・卡芮耶（Anne Carrière）也和我聊過。

瑞士電影製片人丹尼爾・施韋澤（Daniel Schweizer）想拍攝一部關於此案的紀錄片，但布萊特韋澤讓它胎死腹中——法律批准權握在他手中。施韋澤也不藏私，把他的影片資料寄給了我，其中的片段包括布萊特韋澤和安娜—凱瑟琳的家庭生活影片。一度與布萊特韋澤是朋友的裝裱師梅希勒，坦率而不厭其煩與我長談。在我倆的一次談話裡，愛因斯坦、莫札特、拿破崙、歌德、華格納和維克多・雨果的名字都曾經出現在他口中。

專業翻譯勞倫斯・布萊（Laurence Bry）協助我了解法國和瑞士的司法體系。他翻譯了布萊特韋澤所有的審判謄錄文本、許多警方審訊紀錄，以及我的大部分採訪錄音。布萊特韋澤曾在法律文件上簽字同意我檢閱瑞士心理治療師施密特的長篇報告。

紐約市傑伊刑事司法學院藝術與音樂系教授湯普森向我談到有時觸摸藝術品會伴隨而來的美學反應力量及強烈情感。布魯克林學院（Brooklyn College）的心理學教授娜塔莉・卡奇尼克（Natalie Kacinik）推測藝術竊賊的一般心態和動機，特別是布萊特韋澤的。倫敦的藝術品遺失登記冊主任朱利安・拉德克利夫（Julian Radcliffe）詳細回答了我有關失竊藝術品追回方法的問題。為了深入了解藝術犯罪悠久歷史的鏈接線索，我採訪了查尼，他是反藝術犯罪研究協會的創始人、《藝術犯罪雜誌》的總編輯，他的數本著作對我蒐集本書

《GQ》雜誌執行主編傑弗瑞·加尼翁（Geoffrey Gagnon）爲《GQ》的這篇報導做事實查核，是我2019年3月發表的資料非常有幫助，包括他所寫的《偷盜神祕的羔羊》（Stealing the Mystic Lamb）、《蒙娜麗莎竊案》（The Thefts of the Mona Lisa）和《遭竊博物館》（The Museum of Lost Art）。

有關布萊特韋澤文章的編審，馬特·布朗（Matt Browne）爲《GQ》的這篇報導做事實查核。

萊利·布蘭頓（Riley Blanton）對本書的各項細節進行事實查核；沒有人名、地名或可識別的細節被改動；沒有人對本書有任何編輯控制權，包括布萊特韋澤在內。

專家研究員金·哈珀（Jeanne Harper）出示數百份關於強迫收藏家、司湯達症候群、藝術犯罪法律及許多其他研究主題的檔案文件。爲了研究目的，我甚至燒了一堆便宜的油畫，在孩子的陪同下，我在後院點火燒毀油畫，親眼目睹燃燒的彩漆是如何一顆顆掉落在地上。

我爲寫此書博覽群籍。關於藝術犯罪的寶貴作品包括愛德華·杜尼克（Edward Dolnick）的《搶救藝術》（The Rescue Artist）、史蒂芬·庫爾克吉安（Stephen Kurkjian）的《藝術大盜》（Master Thieves）、烏里希·博瑟（Ulrich Boser）的《嘉納搶案》（The Gardner Heist）、湯普森的《占有》（Possession）、安東尼·艾莫瑞（Anthony M. Amore）與湯姆·馬許伯格（Tom Mashberg）合著的《先生，林布蘭又不見了》（Stealing Rembrandts）、里亞·普賴爾（Riah Pryor）的《犯罪與藝術市場》（Crime and the Art Market）、米爾頓·艾斯特羅界的罪行》（Crimes of the Art World）、湯普森的《藝術世

（Milton Esterow）的《藝術竊賊》（The Art Stealers）、休‧麥克利夫（Hugh McLeave）的《畫廊裡的流氓》（Rogues in the Gallery）、約翰‧康克林（John E. Conklin）的《藝術犯罪》（Art Crime）、邦妮‧伯南（Bonnie Burnham）的《藝術危機》（The Art Crisis）、賽門‧胡柏特（Simon Houpt）的《空畫框：藝術犯罪的內幕》（Museum of the Missing）、伊凡‧林賽（Ivan Lindsay）的《古今戰利品與藝術遺失史》（The History of Loot and Stolen Art from Antiquity Until the Present Day）、斯科蒂（R. A. Scotti）的《消失的微笑》（Vanished Smile）、羅伯特‧威特曼（Robert K. Wittman）與約翰‧希夫曼（John Shiffman）合著的《無價之寶》（Priceless），以及約書亞‧尼爾曼（Joshua Knelman）的《熱門藝術》（Hot Art）。

對我最有幫助的美學理論書籍包括大衛‧弗里伯格（David Freedberg）的《影像的力量》（The Power of Images）、約翰‧杜威（John Dewey）的《藝術即經驗》（Art as Experience）、安揚‧查特吉（Anjan Chatterjee）的《審美大腦》（The Aesthetic Brain）、詹姆斯‧艾爾金斯（James Elkins）的《繪畫與眼淚》（Pictures & Tears）、亞瑟‧島村（Arthur P. Shimamura）的《體驗藝術》（Experiencing Art）、艾倫‧溫納（Ellen Winner）的《藝術本能》（The Art Instinct）和溫納‧孟斯特伯格（Werner Muensterberger）的《收藏激情》（Collecting: An Unruly Passion）。

其他叫人著迷的藝術相關讀物包括卡爾‧克努斯加德（Karl Ove Knausgaard）的《小空

間的大渴望》（*So Much Longing in So Little Space*）、列夫・托爾斯泰（Leo Tolstoy）的《托爾斯泰藝術論》（*What Is Art?*）、安伯托・艾可（Umberto Eco）編輯的《美的歷史》（*History of Beauty*）與《醜的歷史》（*On Ugliness*）、艾倫・狄波頓（Alain de Botton）和約翰・阿姆斯壯（John Armstrong）合著的《藝術的慰藉》（*Art as Therapy*）、克萊夫・貝爾（Clive Bell）的《藝術》（*Art*）、艾德蒙・柏克（Edmund Burke）的《崇高與美之源起》（*A Philosophical Enquiry into the Sublime and Beautiful*）、莎拉・桑頓（Sarah Thornton）的《藝術市場七日遊》（*Seven Days in the Art World*）、湯姆・沃爾夫（Tom Wolfe）的《畫中有話》（*The Painted Word*）和奧斯卡・王爾德（Oscar Wilde）的《意圖集》（*Intentions*）——其中收錄他1891年寫的文章〈作為藝術家的批評家〉（The Critic as Artist），本書開宗明義的靈魂題詞就是摘自該文。

儘管讀了這麼多，但我終未能找到能與布萊特韋澤和安娜—凱瑟琳相提並論、等量齊觀的藝術竊賊。幾乎對所有的年輕人而言，偷，都是為了錢，要不就是終其一生只偷過一件藝術品。這對曾是情侶的年輕人在藝術品盜賊中是異類，不過的確也有一幫罪犯假服務美學之名而長期偷盜，對他們來說偷乃司空見慣。在犯罪分類法中，布萊特韋澤和安娜—凱瑟琳屬於偷書賊類別。大多數大量偷書的人都是狂熱的收藏家，而且為數甚夥，心理學家將他們歸類為一個專門的類別，被稱為藏書狂，也是布萊特韋澤所屬的部落。

阿洛伊斯・皮希勒（Alois Pichler）是德國的天主教神父，在俄羅斯聖彼得堡服事。他在他的多裝外套裡加裝了一個特殊的內袋，從1869年到1871年，從俄羅斯皇家公共圖書館（Russian Imperial Public Library）偷走4千多本書。美國富家子史蒂芬・布隆伯格（Stephen Blumberg）從美國明尼蘇達州與加拿大的多家圖書館裡偷了2萬本書。英國薩弗克郡（Suffolk）的火雞農場工人鄧肯・加文斯（Duncan Jevons），從1960年代中期開始，在30年的時間里偷走了4萬2千本圖書館書籍，大部分是每次藏幾本在他破舊的皮革公事包裡帶走。

布萊特韋澤最心儀的偷書賊是阿爾薩斯同鄉史坦尼斯拉斯・戈斯（Stanislas Gosse）。他是對宗教書籍充滿狂熱的工程學教授，在兩年的時間裡，從一座中世紀修道院的一個上鎖的圖書館，偷走了1千冊書。在他狂偷期間，圖書館的鎖換了3次，但他照偷不誤，因為他在不斷閱讀的過程中，發現了一個有鉸鏈的書櫃後方有一條被人遺忘的祕密通道，連接到隔壁旅館的後樓。他把在他看來被遺棄、布滿鴿糞的書冊裝在皮箱裡，混在旅遊團中間進進出出。戈斯把偷來的書冊清理乾淨，放在自己的公寓裡。他在2002年被捕，圖書館暗藏了一臺監視器，但後來只判緩刑。戈斯是布萊特韋澤唯一一位談起來深懷敬意的竊書雅賊。

239 ｜ 藝術大盜　The Art Thief

圖片影像出處
IMAGE CREDITS

● 第2頁：
〈法蘭西的瑪德蓮〉，1536年，德里昂繪。影像所有權：布里奇曼數位圖像資料庫（© Bridgeman Images）。

● 第3頁：
(左上)〈亞當夏娃〉，1627年，佩特爾製。提供：魯本斯故居博物館，安特衛普市收藏（Collection of the City）。

(右下) 菸草盒，約1805年，伊薩貝製。影像所有權：夕昂瓦萊歷史博物館。攝影：翰茲‧普利希格（Heinz Preisig）；攝影彩色：丹娜‧凱樂（Dana Keller）。

藝術大盜 | The Art Thief | 240

● 第4頁

靜物，1676年，銅板油畫，老楊·范凱塞爾繪。影像所有權：佳士得（Christie's Images）／布里奇曼數位圖像資料庫（Bridgeman Images）。

● 第5頁

（右上）〈猴子節期〉，約1630年，銅板油畫，大衛·特尼爾斯二世繪。法國榭堡葛唐丹的托馬斯·亨利博物館。影像所有權：托馬斯·亨利博物館／圖片提供：安特衛普魯本斯故居博物館。

（左下）〈克萊沃的希比爾〉，小克拉納赫繪，約1540年。

● 第6頁

（上）〈秋天的寓言〉，約1625年，原傳為老布勒哲爾，後被認為是希羅尼穆斯·弗蘭肯二世（Hieronymus Francken II）所繪。影像所有權：安傑美術館／皮耶·大衛（Pierre David）。

（下）〈沉睡的牧羊人〉，約1750年，布雪作品。影像所有權：巴黎大皇宮（RMN-Grand Palais）／紐約藝術檔案館（Art Resource, N.Y.）。

241 ｜ 藝術大盜 ｜ The Art Thief

第7頁

● (左上)〈士兵與女人〉,約1640年,科德繪。影像所有權:貝桑松考古美術館(Besançon, musée des beaux-arts et d'archéologie),攝影:邱菲特(C. Choffet)。

(右下)燧發槍局部,約1720年,科爾馬製。坦恩之友博物館歷史學會(La Société d'histoire)提供。

第8頁

●〈聖殤〉,約1550年,銅板畫,史瓦茲繪,提供:瑞士格呂耶赫城堡。攝影:穆豪瑟(J. Mülhauser)。

第9頁

● (右上)〈主教〉,約1640年,勒蘇爾繪。影像由貝爾弗赫城堡博物館提供。

(左下)〈進村〉,約1650年,銅板畫,吉賽爾斯繪。影像所有權:瓦隆斯美術館,攝影:艾瑞克‧蓋雷特(Eric Caillet)。

● 第10頁

(上) 耶穌生平一景,約1620年。影像提供:弗里堡藝術與歷史博物館。

(下)〈加農炮風景圖〉,1518年,紙刻,杜勒作品。影像所有權:弗萊徹基金會(Fletcher Foundation),1919年／大都會藝術博物館(The Metropolitan Museum of Art)。

● 第11頁

〈藥師〉,約1720年,木板油畫,范米理斯作品。影像所有權:瑞士巴塞爾大學藥劑博物館(Pharmaziemuseum Universität Basel)。

● 第12頁

(左) 聖杯,1588年,克魯特維克作品。影像來源:影像檔案工作室(ImageStudio)／布魯塞爾皇家藝術與歷史博物館(Royal Museums of Art & History)。

(右) 聖杯,1602年。影像來源:影像檔案工作室／影像所有權:布魯塞爾皇家藝術與歷史博物館。

● 第13頁

(右上) 戰艦，1700年。影像提供：影像檔案工作室／影像所有權：布魯塞爾皇家藝術與歷史博物館。

(左下) 阿巴雷約陶土藥罐，約1700年。影像提供：亞高博物館（Museum Aargau）／攝影：羅美歐・阿昆特（Romeo Arquint）。

● 第14頁

(右上) 紀念金牌，約1845年。影像提供：琉森歷史博物館。

(左下) 獅子與羔羊，約1650年。影像提供：穆瓦延穆捷寺。

● 第15頁

聖杯，約1590年。影像提供：影像檔案工作室／影像所有權：布魯塞爾皇家藝術與歷史博物館。

● 第16頁

(右上)〈美惠三女神〉,約1650年,范奧普斯塔爾作。影像所有權:布魯塞爾皇家藝術與歷史博物館。攝影所有權:艾樂美歷史藝術圖庫(History and Art Collection /Alamy)。

(左下)〈公園裡的樂師與行人〉,約1600年,德考勒里繪。拜約勒市立美術館贈。

關於作者——麥可・芬克爾
A NOTE ABOUT THE AUTHOR—MICHAEL FINKEL

麥可・芬克爾是全球暢銷書《森林裡的陌生人：獨居山林二十七年的最後隱士》（The Stranger in the Woods: The Extraordinary Story of the Last True Hermit）及《真實故事：謀殺案・回憶錄・我錯了》（True Story: Murder, Memoir, Mea Culpa）的作者，後者2015年被改編成電影。芬克爾曾為《國家地理雜誌》（National Geographic）、《GQ》、《滾石》（Rolling Stone）、《君子雜誌》（Esquire）、《浮華世界》（Vanity Fair）、《大西洋月刊》（The Atlantic）和《紐約時報雜誌》（The New York Times Magazine）等報刊撰寫文章。目前他與家人住在美國猶他州北部。

www.michaelfinkel.com

著有：

◎《森林裡的陌生人：獨居山林二十七年的最後隱士》（The Stranger in the Woods: The Extraordinary Story of the Last True Hermit）

◎《真實故事：謀殺案・回憶錄・我錯了》（True Story: Murder, Memoir, Mea Culpa）

◎《阿爾卑斯雪坡奇觀》（Alpine Circus）

The Art Thief

Copyright © 2023 by Michael Finkel
This edition is published by arrangement with Stuart Krichevsky Literary Agency, Inc.
through Andrew Nurnberg Associates International Limited
Complex Chinese edition copyright © 2024 by China Times Publishing Company
All rights reserved.

Jacket Image —〈沉睡的牧羊人〉(*Sleeping Shepherd / Berger endormi*),約 1750 年,法蘭索瓦・布雪(François Boucher, 1703-1770)作品。© GrandPalaisRmn / Agence Bulloz

Frontispiece —〈亞當夏娃〉(*Adam and Eve*),喬治・佩特爾(Georg Petel)作品,1627 年,象牙雕刻。竊自比利時安特衛普(Antwerp)魯本斯故居博物館(Rubens House)。(RH.K.015, Collection of the City of Antwerp, Rubens House)

Maps — 克里斯蒂・艾琳森(Kristine Ellingsen)

藝術大盜：一個愛情、犯罪與危險執迷的眞實故事 / 麥可.芬克爾
(Michael Finkel) 著；李巧云譯. -- 初版. -- 臺北市：時報文化出版企
業股份有限公司, 2024.08
248 面 ; 14.8x21 公分. -- (INTO 叢書 ; 70)
譯自：The art thief : a true story of love, crime, and a dangerous obsession
ISBN 978-626-396-571-3(平裝)

1.CST: 布萊特韋澤 (Breitwieser, Stéphane, 1971-) 2.CST: 偷竊 3.CST:
藝術品 4.CST: 法國

585.45　　　　　　　113010430

INTO 叢書 70

藝術大盜——一個愛情、犯罪與危險執迷的眞實故事
The Art Thief: A True Story of Love, Crime, and a Dangerous Obsession

作者—麥可・芬克爾（Michael Finkel）
譯者—李巧云　文字編輯—簡淑媛　美術設計—平面室　行銷企劃—鄭家謙　副總編輯—王建偉

董事長—趙政岷

出版者—時報文化出版企業股份有限公司
108019 台北市和平西路三段 240 號 4 樓
發行專線—02-2306-6842
讀者服務專線—0800-231-705、02-2304-7103
讀者服務傳眞—02-2304-6858
郵撥—19344724 時報文化出版公司
信箱—10899 台北華江橋郵局第 99 信箱

時報悅讀網—http://www.readingtimes.com.tw
電子郵件信箱—ctliving@readingtimes.com.tw
藝術設計線 FB—http://www.facebook.com/art.design.readingtimes・IG—art_design_readingtimes
法律顧問—理律法律事務所　陳長文律師、李念祖律師
印刷—勁達印刷有限公司
初版一刷—2024 年 8 月 2 日
定價—新台幣 420 元
版權所有　翻印必究（缺頁或破損的書，請寄回更換）

ISBN 978-626-396-571-3
Printed in Taiwan

時報文化出版公司成立於一九七五年，並於一九九九年股票上櫃公開發行，於二〇〇八年脫離中時集團非屬旺中，以「尊重智慧與創意的文化事業」爲信念。